Victor Hugo au Sénat

CORSAIRE ÉDITIONS

www.corsaire-editions.com

Équipe éditoriale dirigée par Gilbert Trompas.
Correction - révision : Josiane Guibert.

ISBN : 978-2-36800-112-7

CORSAIRE ÉDITIONS ®, éditeur indépendant
11, rue de Châteaudun
45 000 ORLÉANS

Victor Hugo au Sénat

Jean-Pierre Sueur

CORSAIRE ÉDITIONS

Victor-Marie Hugo, pair de France

Dans son livre intitulé *Victor Marie, Comte Hugo*[1] Charles Péguy écrivait : « *Victor Marie, Comte Hugo, Pair de France, membre de l'Institut* »[2] était « *un faiseur* »[3]. C'était « *un politicien fini, pourri de politique* »[4] ; « *il a toujours été le roi des malins* »[5] ; « *C'était un homme qui était un sénateur de la troisième République, qui portait un haut de forme comme tout le monde, quand il le fallait, et un parapluie quand il pleuvait* »[6]. Et Péguy écrivait aussi : « *Je sais bien que ce génie était naturellement mystique. Mais, ne nous frappons pas. C'était beaucoup moins peut-être l'aboutissement d'un paganisme lorsqu'il écrivait dieu avec un d minuscule, qu'un hommage rendu à la Libre Pensée*[7]. *Il fallait être libre penseur en 1860 et quelques ou il ne fallait pas être libre penseur. Il fallait être libre penseur ou clérical. La politique voulait que l'on fût l'un ou l'autre. La politique de Hugo voulait notamment qu'on fût l'un, ce « un dieu », ce petit d est un bon point, une surveillance que la politique de Hugo exerçait sur son génie*»[8]. Et encore: «*Je sais bien que tout cela, que ce ton unique, que ce génie, était littéralement noyé dans des monceaux de littérature*»[9].

Dans le même livre, Péguy nous explique aussi que Victor Hugo donnait au public «*tout ce qu'il produisait: le bon et le mauvais; sachant bien que dans le tas il y en avait du très bon*»[10]. Et même, ajoute Péguy, «*du remplissage*». Mais il ajoutait: «*du remplissage de lui*»[11], – et donc du remplissage de qualité supérieure.

Victor Hugo, a d'abord été nommé pair de France[12]. Il avait admiré l'empereur, il avait aimé les rois. Et il aura été successivement royaliste, libéral, démocrate, républicain et socialiste.

Victor Hugo aura donc beaucoup changé. Mais il n'aura pas changé dans le sens où nombre de gens changent parfois, passant au fil du temps, et au fil de la vie, de la gauche à la droite. Lui, c'est plutôt le chemin inverse qu'il a accompli. Il fut pair de France de 1845 à 1848. Les pairs de France siégeaient là où siège aujourd'hui le Sénat, au Palais du Luxembourg. Il fut sénateur de 1876 à 1885. Au total, il s'est présenté six fois au suffrage universel. Pour être pair de France, il n'a pas eu besoin d'être élu: il a été nommé. Il a été élu à l'Assemblée Constituante, le 4 juin 1848; il a été réélu député de la Seine le 13 mai 1849; il a été élu député le 1er mars 1871 ; il a connu un échec aux élections législatives en 1872 ; il a été élu sénateur en 1876 et il a été réélu sénateur en 1882 ; il l'est resté jusqu'à sa mort en 1885.

Victor Hugo était très proche du roi Louis-Philippe et de la duchesse d'Orléans.

Louis Philippe faisait ses confidences à Victor Hugo. Il lui disait ceci : « *M. Hugo, on me juge mal. On dit que je suis fin. On dit que je suis habile. Cela veut dire que je suis traître. Cela me blesse. Je suis un honnête homme tout bonnement, je vais droit devant moi. Ceux qui me connaissent savent que j'ai de l'ouverture de cœur. Thiers, en travaillant avec moi, me dit un jour que nous n'étions pas d'accord : Sire, vous êtes fin, mais je suis plus fin que vous. – La preuve que non, répondis-je, c'est que vous me le dites. Thiers, du reste, a de l'esprit, mais il est trop fier d'être un parvenu. Guizot vaut mieux. C'est un homme solide. Un point d'appui. Espèce rare que j'estime. Il est supérieur à Casimir Périer, même, qui avait l'esprit étroit. C'était une âme de banquier, scellé à terre comme un coffre-fort. Oh que c'est rare un vrai ministre* »[13].

Louis-Philippe dit tout cela à Victor Hugo. Ils se parlent tout le temps. Et, un jour, apparaît une grande marque de confiance. Le 13 avril 1845, une ordonnance élève à la pairie le vicomte Victor-Marie Hugo, qui devient donc pair de France.

Il ne faut pas croire que cela a été bien perçu par tout le monde. Cela a été plutôt critiqué. Par exemple, dans *Le Courrier des Théâtres*, Charles Maurice écrit: «M. *Victor Hugo est nommé Pair de France: le roi s'amuse*»[14]. La presse républicaine est méchante. Armand Marat, dans le journal *Le National* écrit: «*Victor Hugo est mort. Saluez M. le vicomte Hugo, Pair lyrique de France. La démocratie qu'il a insultée peut désormais en rire. La voilà bien vengée*»[15].

Hugo, lui, transmet les pièces sur le fondement desquelles la Chambre des pairs devra valider sa nomination. Marat rend compte de sa prestation de serment dans ces termes: «*Une sorte d'illumination inconnue traversant les vitres est venue colorer les pâles tentures de l'enceinte. M. Pasquier, couvert de son mortier a lu l'ordonnance qui élève à la dignité de Pair de France M. le vicomte Victor Hugo… Notre poitrine s'est dilatée… Nous avons eu un frisson de poésie; nous avons été saisi de l'enthousiasme du blason…*» [16]. Naturellement, il se moque de lui.

Victor Hugo arrive chez les pairs de France, une assemblée très conservatrice, une assemblée composée de personnages dont la plupart sont des nobles qui ont tous été nommés en vertu de la faveur d'un roi.

Après cet évènement, trois faits se sont passés, qui ont beaucoup marqué Victor

Hugo : un évènement lié à l'amour, un évènement lié à la misère et un évènement lié à la peine de mort.

Léonie

Commençons par l'amour.

À l'aube du 5 juillet 1845, peu après cette nomination, nous nous retrouvons dans une chambre meublée du passage Saint-Roch à Paris. Et là, Victor est avec la chère Léonie. Et voilà que, au petit matin, « *arrive un commissaire de police, le ventre barré de son écharpe, qui, flanqué de ses agents, entre et verbalise* »[17]. L'adultère est puni de prison. Mais Victor Hugo dit au commissaire : « *Je suis pair de France* ». Il excipe de cette qualité et donc de son immunité parlementaire pour exposer au commissaire qu'il ne peut pas être interpellé. L'ennui, c'est que la dame, elle, n'a pas le même privilège. Par conséquent, Victor Hugo imagine la scène de la Chère Léonie qui part en prison, cependant que lui marche dans la rue, avec beaucoup d'anxiété. Il passe voir Juliette. Nous sommes le 5 juillet, un samedi matin, et après la courte visite qu'il lui rend, elle lui envoie un mot ainsi rédigé – je cite : « *Tu es resté bien peu de temps cette nuit. Cependant j'étais bien éveillée. C'est que tu n'auras pas pu rester davantage car tu me paraissais bien préoccupé».* S'ensuivent toute une série d'évènements. Léonie est à la prison et il a beaucoup de remords et, en plus, il a la presse sur le dos. La presse ne dit pas les choses clairement, mais elle fait des allusions. Par exemple, dans le journal *La Patrie*, on lit ceci : « *On parle beaucoup à Paris d'un scandale déplorable. Un de nos écrivains les plus célèbres aurait été surpris hier en conversation criminelle par le mari qui se serait fait assister du commissaire de police. L'épouse infidèle aurait été incarcérée et l'amant si malheureux n'aurait dû le triste avantage de conserver sa liberté qu'au titre politique qui rend sa personne inviolable. Ne pouvant douter de l'exactitude de ces faits, nous faisons – écrit* La Patrie *– des vœux pour que les suites en soient les moins graves possibles* ».

Lamartine écrit à l'un de ses correspondants : « *L'aventure amoureuse de mon pauvre ami Hugo me désole. Ce qui doit être navrant pour lui, c'est de sentir cette pauvre femme en prison pendant qu'il est libre* ».

Le mari, M. Biard, naturellement, n'est pas content. Mais le roi, qui est l'ami de Victor, s'occupe de la situation. Il convoque le mari. Celui-ci est peintre. Bruni Fuligni nous expose que le roi le comble « *de commandes officielles pour qu'il accepte de retirer sa plainte* »[18], de manière à ce que l'affaire se dégonfle. Néanmoins, il y a ensuite un procès qui arrive devant le tribunal de la Seine, nouveau sujet d'alarme pour Victor Hugo. Il va voir l'ensemble de la presse, les journalistes, il les contacte et fait en sorte qu'on n'en parle pas. Et, en fait, on n'en parle pas. Et Lamartine déclare : « *Je suis très fâché de ce qui est arrivé à mon ami Hugo, mais ces choses-là s'oublient vite. La France est élastique, on se relève même d'un canapé* ».

Le roi lui dit : « *Ecoutez, il y a une seule façon de sortir de cette affaire, c'est que vous partiez. Vous allez faire un voyage pendant trois mois et quand vous reviendrez, plus personne ne pensera à cette affaire* ». Le journal *La Quotidienne* publie un écho, le 11 juillet : « *M. Hugo a pris hier ses passeports et est parti pour effectuer un voyage de trois mois en Espagne* ». En réalité, Victor Hugo est parti, mais il est parti vers la rue Saint-Anasthase où il est réfugié… chez Juliette.

C'est le premier épisode.

Rue de Tournon :
« La catastrophe est inévitable »

Avec le deuxième épisode, nous allons quitter le vaudeville. Ce second épisode, rapporté dans *Choses vues*[19] aura profondément marqué Hugo.

Il s'est passé le 22 février 1846, dans la rue de Tournon, située en face du Sénat.

Mais laissons parler Hugo : « *Hier, j'allais à la Chambre des pairs. Il faisait beau et très froid, malgré le soleil et midi. Je vis venir rue de Tournon un homme que deux soldats emmenaient. Cet homme était blond, pâle, maigre, hagard ; 30 ans à peu près ; un pantalon de grosse toile, les pieds nus et écorchés dans des sabots, avec des linges sanglants roulés autour des chevilles pour lui tenir lieu de bas ; une blouse courte et souillée de boue derrière le dos, ce qui indiquait qu'il couchait habituellement sur le pavé, la tête nue et hérissée. Il avait sous le bras un pain. Le peuple disait autour de lui qu'il avait volé ce pain et que c'était à cause de cela qu'on l'emmenait.*

En passant devant la caserne de gendarmerie, un des soldats y entra, et l'homme resta à la porte, gardé par l'autre soldat. Une voiture était arrêtée devant la porte de la caserne. C'était une berline armoriée portant aux lanternes une couronne ducale, attelée de deux chevaux gris, deux laquais en guêtres derrière, les glaces étaient levées, mais on distinguait l'intérieur tapissé de damas bouton d'or. Le regard de l'homme, fixé sur cette voiture, attira le mien. Il y avait dans la voiture une femme en chapeau rose, en robe de velours noir, fraîche, blanche, belle, éblouissante, qui riait et jouait avec un charmant petit enfant de seize mois enfoui sous les rubans, les dentelles et les fourrures.

Cette femme ne voyait pas l'homme terrible qui la regardait.

Je demeurai pensif.

Cet homme n'était plus pour moi un homme, c'était le spectre de la misère, c'était l'apparition brusque, difforme, lugubre, en plein jour, en plein soleil, d'une révolution encore plongée dans les ténèbres, mais qui vient. Autrefois, le pauvre côtoyait le riche, ce spectre rencontrait cette gloire, mais on ne se regardait pas. On passait. Cela pouvait durer longtemps. Du moment où cet homme s'aperçoit que cette femme existe, tandis que cette femme ne s'aperçoit pas que cet homme est là, la catastrophe est inévitable ».

Chacun voit qu'il y a là le début, le commencement, les prémices des *Misérables*.

Ajoutons que c'est à la Chambre des pairs que Victor Hugo « *remarque parmi ses collègues le baron Thénard, chimiste enrichi par ses brevets industriels et hostile à toute réforme sociale, dont l'âpreté lui inspirera celle des Thénardier»*[20].

D'ailleurs, en sa qualité de pair de France, Victor Hugo s'investira au grand dam des manufacturiers du Nord de la France, dans la mise en place d'un Code de protection sociale, de patronage, d'éducation et de prévoyance. Pour le préparer, il se rend dans le Nord de la France afin de procéder à ce qui sera une des premières commission d'enquête parlementaire sur le logement ouvrier dans le Nord. Cette enquête constitue l'une de ses œuvres méconnues.

La peine de mort

Troisième épisode.

En arrivant à la Chambre des pairs, Victor Hugo est confronté à la question de la peine de mort. En effet, la Chambre des pairs, assemblée législative, avait aussi une fonction judiciaire, limitée aux cas d'atteinte à la personne du roi et aux affaires pénales mettant en cause les ministres ou les pairs. Elle doit statuer sur l'*affaire Lecomte*.

Lecomte, c'est un garde forestier qui a tiré, le 16 avril 1846, deux coups de feu sur le roi qui se promenait en forêt de Fontainebleau. La Chambre des pairs débat de cela et son représentant va voir le roi, avec l'avocat Maître Duvergier. Victor Hugo rapporte dans *Choses vues*[21] que le roi dit : « *J'examinerai, je verrai. Le cas est grave. Mon danger est le danger de tous. Ma vie importe à la France, c'est pour cela que je dois la défendre. Savez-vous comment il se fait qu'on tire sur moi ? C'est qu'on ne me connaît pas, c'est qu'on me calomnie, on dit partout : Louis-Philippe est un gueux, Louis-Philippe est un coquin, Louis-*

Philippe est un avare, Louis-Philippe fait tout le mal. Il veut des dotations pour son fils, de l'argent pour lui. Il corrompt le pays. Il l'avilit au dedans et l'abaisse au dehors. C'est un vieux anglais. A bas Louis-Philippe. Que diable! il faut bien que je protège un peu ce pauvre Louis-Philippe, Maître Duvergier! C'est égal, je réfléchirai. Vous savez que je déteste la peine de mort. Chaque fois qu'il faut signer un rejet de grâce, le supplice commence pour moi. Tous mes penchants, tous mes instincts, tous mes principes sont de votre côté. Cependant je suis le roi constitutionnel, j'ai des ministres qui décident et puis, que voulez-vous? il faut bien que je songe aussi un peu à moi».

Et toujours dans *Choses vues*, Victor Hugo explique que «*Maître Duvergier sortit navré. Il comprit que le roi ne ferait pas grâce*». Victor Hugo écrit alors tout le mal qu'il pense de la peine de mort. Il rentre dans les détails et il cite une lettre du garde des Sceaux: «*Le roi, voulant donner au condamné Pierre Lecomte un nouveau gage de sa bonté avait décidé que la pension dudit Lecomte serait réversible sur la tête de sa sœur et que dès à présent Sa Majesté mettait à la disposition de cette sœur une somme de trois mille francs comme secours*». Victor Hugo continue le récit en relatant que «*La sœur les refusa avec quelque amertume, et aussi avec quelque dignité*» «*Dites au roi*, dit-elle, *que je le remercie. Je l'eusse mieux remercié d'autre chose. Dites-lui que je n'oublie pas mon frère assez vite pour prendre sa dépouille. Ce n'est pas là le bienfait que j'attendais du roi. Je n'ai besoin de rien, je suis bien malheureuse et bien misérable. Je meurs de faim à peu près, mais il me convient de mourir ainsi puisque mon frère meurt comme cela. Qui fait mourir le frère n'a pas le droit de nourrir la sœur*». Victor Hugo décrit l'exécution : «*Lecomte fut assez courageux au dernier moment. Cependant, la nuit qui précéda l'exécution, il demanda vers deux heures du matin le procureur général M. Hébert. Et M. Hébert, en le quittant, après un quart d'heure d'entretien dit : «Il est battu de l'oiseau. Il n'y a plus personne*».

Le récit nous est livré dans toute sa brutalité. Il n'y a pas un mot de commentaire. Le récit se passe d'ailleurs de tout commentaire. Il se suffit à lui-même. Il est la première déclaration, le premier engagement de Victor Hugo contre la peine de mort.

Des membres « infatués, méprisants et gourmés »

Victor Hugo arrive donc dans cette Chambre des pairs et il écrira plus tard, toujours dans *Choses vues* comment était cette chambre[22] : « *Les fauteuils des pairs étaient en velours vert rehaussé de galons d'or. Leur pupitre était en acajou revêtu de maroquin avec tiroir de chêne, contenant tout ce qu'il fallait pour écrire, mais sans clefs. Au haut de son pupitre, chaque Pair avait devant lui son nom indiqué en lettre d'or sur un morceau de maroquin vert incrusté dans le bois. Au banc des princes qui était à droite derrière le banc des ministres, il n'y avait aucun nom mais une plaque dorée portant seulement ces mots : Banc des princes. Cette plaque et le nom des pairs furent arrachés non par les ouvriers mais sur ordre du gouvernement provisoire. Ce fut encore le gouvernement provisoire qui fit enlever les tapis du grand escalier, le tapis sur lequel les Pairs seuls avaient le droit de marcher, petit détail du cérémonial établi pour les sénateurs par Napoléon et que les sénateurs avaient légué aux*

Pairs de France». [...] «*Dans les premiers jours de juin 1949, je visitai la Chambre des Pairs et la retrouvai telle que je l'avais laissée dix-sept mois auparavant, la dernière fois que j'y siégeai, le 23 février 1848. Tout y était à sa place, un calme profond, les fauteuils vides et en ordre. On eût dit que la Chambre venait de lever la séance depuis dix minutes*».

Voilà donc qu'après l'échec des *Burgraves*, – peut-être Louis-Philippe a-t-il voulu le consoler en l'y nommant –, Victor Hugo se retrouve dans cette Chambre «*aux membres infatués, méprisants et gourmés*», pour reprendre les termes de Pierre Halbwachs, dans la grande édition de ses œuvres au Club français du Livre[23].

Là, Victor Hugo va, au total, faire quatre discours. Deux discours seront très bien reçus et susciteront d'ardents applaudissements et deux discours qui suscitent la désapprobation pour lesquels il ne sera pas du tout applaudi.

Prenons-les dans l'ordre.

Pour la Pologne

La première intervention de Victor Hugo à la Chambre des pairs porte sur la Pologne.

Le sort de la Pologne que se partagent la Prusse, la Russie et l'Autriche est alors misérable. Il y a, le 18 février 46, un soulèvement à Cracovie, suivi de troubles en Galicie. Le peuple polonais se bat pour exister malgré tous les découpages, tous les chagrins et toutes les peines qu'on lui inflige.

Victor Hugo fait, le 19 mars 1846, un grand discours[24] pour soutenir le peuple polonais. Et ce discours suscite un mécontentement généralisé. Pratiquement personne n'approuve ses paroles.

Il commence par dire : « *Je dirai très peu de mots* ». Mais en réalité le discours sera assez long. Il ajoutera : « *Je cède à un sentiment irrésistible qui m'appelle à cette tribune. [...]*

C'est la civilisation même qui est compromise, qui est offensée par certains actes que nous avons vu s'accomplir dans un coin de l'Europe. Ces actes, messieurs, je ne veux pas les qualifier, je n'envenimerai pas une plaie vive et saignante.

Cependant je le dis, et je le dis très haut, la civilisation européenne» - dès l'origine, Victor Hugo a une certaine idée de l'Europe – *recevrait une sérieuse atteinte, si aucune protestation ne s'élevait contre le procédé du gouvernement autrichien envers la Galicie».*

«Deux nations entre toutes, depuis quatre siècles, ont joué dans la civilisation européenne un rôle désintéressé; ces deux nations sont la France et la Pologne. Notez ceci, messieurs: la France dissipait les ténèbres, la Pologne repoussait la barbarie; la France répandait les idées, la Pologne couvrait la frontière.» […] «Si ce peuple devient un petit peuple, il reste une grande nation. […] C'est un magnifique spectacle depuis trente ans que cette immense paix européenne, que cette union profonde des nations dans le travail universel de l'industrie, de la science et de la pensée. […] Je suis heureux de la part que mon pays prend à cette paix féconde» - Là, Hugo fait un peu de politique politicienne à l'égard du roi –: *«Je suis heureux de sa situation libre et prospère sous le roi illustre qu'il s'est donné; mais je suis fier aussi des frémissements généreux qui l'agitent quand l'humanité est violée, quand la liberté est opprimée sur un point quelconque du globe» […] «La Pologne ne doit jamais appeler la France en vain […] Les éléments du pouvoir d'une grande nation ne se composent pas seulement de ses flottes, de ses armées, de la sagesse de ses lois, de l'étendue de son territoire. Les éléments du pouvoir d'une grande nation sont, outre ce*

que je viens de dire, son influence morale, l'autorité de sa raison et de ses lumières, son ascendant parmi les nations civilisatrices».

Il y a là une forte comparaison avec la période de l'Inquisition. Ce que demande Victor Hugo, c'est que la France prenne une position morale, pour des raisons morales, et déclare sa totale solidarité avec la Pologne et les Polonais. Et il explique ceci: «*Dans la première moitié du dix-huitième siècle, de 1700 à 1750, le Saint-Office n'a pas fait moins de douze mille victimes, dont seize cents moururent sur le bûcher. Eh bien, écoutez ceci. Dans la seconde moitié du même siècle, cette même inquisition n'a fait que quatre-vingt-dix-sept victimes. Et, sur ce nombre, combien de bûchers a-t-elle dressés? Pas un seul. Pas un seul! Entre ces deux chiffres, douze mille et quatre-vingt-dix-sept, seize cents bûchers et pas un seul, qu'y a-t-il? Y a-t-il une guerre? y a-t-il intervention directe et armée d'une nation? y a-t-il effort de nos flottes et de nos armées, ou même simplement de notre diplomatie? Non, messieurs, il n'y a eu que ceci, une intervention morale. Voltaire et la France ont parlé, l'inquisition est morte*». Victor Hugo défend finalement la *souveraine force de l'esprit*: «*Cette intervention doit être une intervention purement morale; ce doit être l'adhésion et la sympathie hautement exprimées d'un grand peuple, heureux et prospère, pour un autre peuple opprimé et abattu. Rien de plus, mais rien de moins*».

Ce discours se solde, nous l'avons dit, par un échec complet. La doctrine, la position partagée par tous, c'est la non-intervention. C'est : « *Soyons réalistes, ne prenons pas des positions qui pourraient nous faire tort, restons prudents* ».

Victor Hugo commence donc par un échec. Il ne se décourage pas pour autant.

« Toute l'intelligence de la France » contre « toutes les forces de la mer »

Et, heureusement, sa seconde intervention – en deux périodes, les 27 juin et 1er juillet 1846 – est un immense succès[25]. Elle porte sur un tout autre sujet. Il s'agit du littoral. Car Victor Hugo est très inquiet des malheurs, des accidents et de la passivité qui ont pour effet d'endommager notre littoral.

« *Messieurs, si on venait vous dire : Une de vos frontières est menacée ; vous avez un ennemi qui, à toute heure, en toute saison, nuit et jour, investit et assiège une de vos frontières, qui l'envahit sans cesse, qui empiète sans relâche, qui aujourd'hui vous dérobe une langue de terre, demain une bourgade, après-demain une ville frontière ; si l'on vous disait cela, à l'instant même cette chambre se lèverait et trouverait que ce n'est pas trop de toutes les forces du pays pour le défendre contre un pareil danger. Eh bien, messieurs les pairs, cette frontière, elle existe, c'est votre littoral ; cet ennemi, il existe, c'est l'océan. (Mouvement.) […] « M. le ministre des travaux publics sait comme moi que les dégradations des côtes de France sont nombreuses et rapides ; il sait, par exemple, que cette immense falaise, qui commence à l'embouchure de la Somme et qui finit à l'embouchure de la Seine, est dans un état de démolition perpétuelle. […] Il faut des milliers d'années à l'action atmosphérique pour démolir une muraille comme les Pyrénées, pour créer une ruine comme le cirque de Gavarnie, ruine qui est en même temps le plus merveilleux des édifices. Il faut très peu de temps aux flots de la mer pour dégrader une côte. […] Étretat s'écroule sans cesse ; le Bourgdault avait deux villages il y a un siècle, le village du bord de la mer, et le village du haut de la côte. Le premier a disparu, il n'existe aujourd'hui que le village du haut de la côte. Il y avait une église, l'église d'en bas, qu'on voyait encore il y a trente ans, seule et debout au milieu des flots comme un navire échoué ; un jour l'ouragan a soufflé, un coup de mer est venu, l'église a sombré. (Mouvement) […] Vous parlerai-je du Havre, dont l'état doit vous préoccuper au plus haut degré ? […] Je sais que ce port n'a pas été mis dans la loi* – il s'agit d'une loi sur le littoral –, *je voudrais cependant qu'il fixât l'attention de M. le ministre des travaux publics. […] La question des ports n'a pas été traitée, elle n'a pas même été entrevue.*

Le débat porte sur la question de savoir s'il faut voter une loi et adopter des crédits pour la restauration du littoral ou s'il faut attendre que le budget soit voté avant que de voter cette loi. Victor Hugo s'insurge contre l'idée de reporter cette loi. «*La loi actuelle n'a qu'un défaut, ce n'est pas un manque d'urgence, c'est un manque de grandeur.* (*Sensation*).

Je voudrais que la loi fût un système, qu'elle fît partie d'un ensemble, que le ministre nous l'eût présentée dans un grand but et dans une grande vue, et qu'une foule de travaux importants, sérieux, considérables fussent entrepris dans ce but par la France. C'est là, je le répète, un immense intérêt national. (*Vif assentiment.*)»

Il continue. Le Chancelier, qui préside la séance dit: «*J'invite l'orateur à se renfermer dans le projet en discussion*».

Victor Hugo n'obtempère pas. «*Voici ce que j'aurai l'honneur de faire remarquer à M. le Chancelier. Une loi contient toujours deux points de vue, le point de vue spécial et le point de vue général; le point de vue spécial, vous venez de l'entendre traiter; le point de vue général, je l'aborde*».

Victor Hugo a, naturellement, dépassé largement son temps de parole.

Il continue: «*Eh bien! lorsqu'une loi soulève des questions aussi graves, vous voudriez que ces questions passassent devant la chambre sans être traitées, sans être examinées par elle!* (*Bruit.*) *À l'heure qu'il est, la question d'urgence se discute; je crois qu'il ne s'agit que de cette question, et c'est elle que je traite, je suis donc dans la question.* (*Plusieurs voix: Oui! oui!*)

[...] Vous nous mettez en présence d'une petite loi; je la vote, je la vote avec empressement; mais j'en provoque une grande. Cette grande loi, c'est une loi d'ensemble [...] Chaque fois que cette question du littoral, du littoral de la France en particulier, se présente à l'esprit, voici ce qu'elle offre de grave et d'inquiétant».

Et c'est comme un roman *Les travailleurs de la mer*, qui arrive au milieu de la Chambre des pairs: «*La dégradation de nos dunes et de nos falaises, la ruine des populations riveraines, l'encombrement de nos ports, l'ensablement des embouchures de nos fleuves, la création des barres et des traverses, qui rendent la navigation si difficile, la fréquence des sinistres, la diminution de la marine militaire et de la marine marchande; enfin, messieurs, notre côte de France, nue et désarmée, en présence de la côte d'Angleterre, armée, gardée et formidable! (Émotion.) [...] Les courants de la Manche s'appuient sur la grande falaise de Normandie, la battent, la minent, la dégradent perpétuellement; cette colossale démolition tombe dans le flot, le flot s'en empare et l'emporte; le courant de l'Océan longe la côte en charriant cette énorme quantité de matières, toute la ruine de la falaise; chemin faisant, il rencontre Le Tréport, Saint-Valéry-en-Caux, Fécamp, Dieppe, Étretat, tous vos ports de la Manche, grands et petits, il les encombre et passe outre. Arrivé au cap de la Hève, le courant rencontre, quoi? la Seine qui débouche dans la mer. Voilà deux forces en présence, le fleuve qui descend, la mer qui passe et qui monte.*

Comment ces deux forces vont-elles se comporter? Une lutte s'engage; la première chose que font ces deux courants qui luttent, c'est de déposer les fardeaux qu'ils apportent; le fleuve dépose ses alluvions, le courant dépose les ruines de la côte. Ce dépôt se fait, où? Précisément à l'endroit où la providence a placé Le Havre-de-Grâce». […] Là, «*un immense édifice se bâtit, une construction invisible, sous-marine, une sorte de cirque gigantesque qui s'accroît tous les jours, et qui enveloppe et enferme silencieusement le port du Havre. En cinquante ans, cet édifice s'est accru d'une hauteur déjà considérable. En cinquante ans! Et à l'heure où nous sommes, on peut entrevoir le jour où ce cirque sera fermé, où il apparaîtra tout entier à la surface de la mer, et ce jour-là, messieurs, le plus grand port commercial de la France, le port du Havre n'existera plus. (Émotions) (Mouvement). […] Que pourrais-je vous citer de plus frappant qu'un si grand port en proie à un si grand danger?*».

Victor Hugo entre ensuite dans des considérations très techniques, avec un grand développement sur les brise-lames. «*Un anglais, d'autres disent un français, a pensé qu'il suffirait, pour briser le choc de la vague, de lui opposer, à la surface de la mer, un obstacle à claire-voie, à la fois fixe et flottant. De là l'invention du brise-lame du capitaine Taylor, car, dans mon impartialité, je crois et je dois le dire, que l'inventeur est anglais*».

Ensuite, il parle du problème dit du «*choc de la vague*» et poursuit : *Féconder l'invention du brise-lame, la perfectionner, voilà, à mon sens, un grand intérêt public que je recommande au gouvernement*».

Il termine en appelant la sollicitude du gouvernement sur un programme en quatre points.

«*Premièrement, étudier dans son ensemble la question du littoral que je n'ai pu qu'effleurer ; deuxièmement, examiner le système proposé par M. Bernard Fortin, ingénieur de l'état, pour l'embouchure des fleuves et notamment pour Le Havre ; troisièmement, étudier et généraliser l'application du brise-lame ; quatrièmement, créer des ports de refuge. [...] Je demande que la question grave du littoral soit mise désormais à l'ordre du jour pour les pouvoirs comme pour les esprits. Ce n'est pas trop de toute l'intelligence de la France pour lutter contre toutes les forces de la mer. (Approbation sur tous les bancs.)*

Victor Hugo obtient un succès considérable pour ce discours, à la fois lyrique et très technique, discours méconnu, fruit d'un long travail d'enquête, porté par une éloquence qui ne laisse aucun des auditeurs indifférent.

« Je suis du parti des exilés et des proscrits »

Le troisième discours suscitera le même assentiment.

En le prononçant, le 14 juin 1847, Victor Hugo prend position pour une pétition qui demande que la famille Bonaparte, qui était en exil, puisse rentrer en France[26].

« *Messieurs les pairs, en présence d'une pétition comme celle-ci, je le déclare sans hésiter, je suis du parti des exilés et des proscrits. [...]* Il dit qu'il faut « *oser faire ce qu'aucun gouvernement, j'en conviens, n'aurait fait avant l'époque où nous sommes, oser, en un mot, être magnanime et intelligent. [...] Cesse-t-on d'être fort parce qu'on est grand? [...] ces innocents illustres qui sont exilés sont nos citoyens et l'air de la patrie leur fera du bien (Très bien! très bien!)*

[...] Quant à moi, en voyant les consciences qui se dégradent, l'argent qui règne, la corruption qui s'étend, les positions les plus hautes envahies par les passions les plus basses (mouvement prolongé), en voyant les misères du temps

présent, je songe aux grandes choses du temps passé, et je suis, par moments, tenté de dire à la chambre, à la presse, à la France entière : Tenez, parlons un peu de l'empereur, cela nous fera du bien ! [...] Le danger aujourd'hui, messieurs, permettez-moi de vous le dire en passant, voulez-vous savoir où il est ? Tournez vos regards, non du côté des princes, mais du côté des masses, — du côté des classes nombreuses et laborieuses, où il y a tant de courage, tant d'intelligence, tant de patriotisme, où il y a tant de germes utiles et en même temps, je le dis avec douleur, tant de ferments redoutables. C'est au gouvernement que j'adresse cet avertissement austère. Il ne faut pas que le peuple souffre ! il ne faut pas que le peuple ait faim ! Là est la question sérieuse, là est le danger. Là seulement, là, messieurs, et point ailleurs ! [...] Je suppose qu'il existe dans un coin quelconque de l'univers un homme qui ne sache rien de cette histoire, qui n'ait jamais entendu prononcer le nom de l'empereur, je suppose que cet homme vienne en France et qu'il lise ce texte de loi qui dit : La famille de Napoléon est bannie à perpétuité du territoire français. Savez-vous ce qui se passerait dans l'esprit de cet étranger ? En présence d'une pénalité si terrible, il se demanderait ce que pouvait être ce Napoléon, il se dirait qu'à coup sûr c'était un grand criminel [...].

Messieurs, ces crimes, les voici ; c'est la religion relevée, c'est le code civil rédigé, c'est la France augmentée au delà même de ses frontières naturelles, c'est Marengo, Iéna, Wagram, Austerlitz, c'est la plus magnifique dot de puissance et de gloire qu'un grand homme ait jamais apportée à une grande nation! (Très bien! Approbation.)

Messieurs les pairs, le frère de ce grand homme vous implore à cette heure. C'est un vieillard, c'est un ancien roi aujourd'hui suppliant. Rendez-lui la terre de la patrie! Jérôme-Napoléon, pendant la première moitié de sa vie, n'a eu qu'un désir, mourir pour la France. Pendant la dernière, il n'a eu qu'une pensée, mourir en France. Vous ne repousserez pas un pareil vœu». (Approbation prolongée sur tous les bancs.)

Fidèle à lui-même, Victor Hugo déploie donc dans son discours toutes les ressources de la rhétorique et de la persuasion pour, en soutenant cette pétition, dire sa constante admiration pour «*Napoléon le Grand*» - admiration qui sera à la mesure de la détestation qu'il nourrira pour «*Napoléon le Petit*».

Pie IX

Le quatrième discours à la Chambre des pairs fut un échec total. Victor Hugo y fut hué. Ce discours porte sur le pape Pie IX[27].

La carrière de ce pape fut longue, et si le début de son pontificat put donner de lui une image d'ouverture, la fin fut très différente et donna, au contraire, une image de grande fermeture. Après avoir convoqué le premier Concile, qui a édicté l'infaillibilité pontificale, et avoir érigé le dogme de l'Immaculée Conception, il fut aussi le pape du Syllabus et des répressions.

Victor Hugo est ébloui par le commencement du pontificat. Il déclare donc, dans sa quatrième intervention à la Chambre des pairs, le 13 janvier 1848 : « *Les années 1846 et 1847 ont vu se produire un événement considérable. Il y a, à l'heure où nous parlons, sur le trône de Saint-Pierre un homme, un pape, qui a subitement aboli toutes les haines, toutes les défiances, je dirais presque toutes les hérésies et tous les schismes. […] Cet homme qui tient dans ses mains les clefs de la pensée de tant d'hommes, il pouvait fermer les intelligences, il les a ouvertes. Il a posé l'idée d'émancipation et de liberté sur le plus haut sommet où l'homme puisse poser une lumière. Ces principes éternels que rien n'a pu souiller et que rien ne pourra détruire, qui ont fait notre révolution et lui ont survécu, ces principes de droit, d'égalité, de devoir réciproque, qui, il y a cinquante ans, étaient un moment apparus au monde, toujours grands sans doute, mais farouches, formidables et terribles sous le bonnet rouge, Pie IX les a transfigurés,* – autrement dit, Pie IX est, pour Victor Hugo, le pape qui assume la Révolution française *[...] Lui, le maître des consciences, il s'est fait le serviteur de la raison. Il est venu, révolutionnaire rassurant,* – notons l'oxymore – *faire voir aux nations, à la fois éblouies et effrayées* – autre oxymore – *par les événements tragiques, les conquêtes, les prodiges militaires et les guerres de géants qui ont rempli la fin du dernier siècle et le commencement de celui-ci, il est venu, dis-je, faire voir aux nations que, pour féconder le sillon où germe l'avenir des peuples libres, il n'est pas nécessaire de verser le sang, il suffit de répandre les idées ; que l'évangile contient toutes les chartes ; que la liberté de tous les peuples comme la délivrance de tous les esclaves était dans le cœur du Christ et doit être dans le cœur de l'évêque ; [...] Je dis que l'apparition d'un tel pape est un évènement immense. (Interruption.)*

Oui, j'y insiste, un pape qui adopte la révolution française (bruit), qui en fait la révolution chrétienne, et qui la mêle à cette bénédiction qu'il répand du haut du balcon Quirinal sur Rome et sur l'univers, urbi et orbi, c'est un événement social, un événement politique. Social, car il en sortira toute une phase de civilisation nouvelle ; politique, car il en sortira une nouvelle Italie. Ou plutôt, je le dis, le cœur plein de reconnaissance et de joie, il en sortira la vieille Italie.

Ceci est l'autre aspect de ce grand fait européen. (Interruption. Beaucoup de pairs protestent.)

[...] (Interruption. Les protestations redoublent.)

Et Victor Hugo est obligé de quitter la tribune. Il s'est, à l'évidence, laissé enthousiasmer par un début de pontificat que la suite devait contredire, mais il a surtout méconnu l'attachement d'une partie de l'auditoire – pour le moins – à la laïcité, voire à l'anticléricalisme.

Pour le droit d'auteur

Nous citerons encore, pour être complet, deux autres interventions de Victor Hugo à la Chambre des pairs. Mais ce ne sont pas des discours comme l'étaient les quatre précédentes interventions : ce sont des prises de parole lors de débats sur des sujets qui peuvent paraître secondaires. En fait, on verra qu'ils ne le sont pas et qu'il n'est pas inutile, pour tenter de mieux connaître Hugo, d'exhumer ces textes largement méconnus.

Hugo a donc, en premier lieu, fait une intervention le 14 février 1846 lors du débat sur les dessins et modèles des fabriques, au sujet du droit d'auteur[28]. Il s'intéressait beaucoup à la question du droit d'auteur, comme le fera Jean Zay un siècle plus tard.

Il y avait un débat pour savoir si les auteurs des dessins et modèles des fabriques, donc des usines, pouvaient bénéficier d'un droit d'auteur sans limite, conformément à la loi de 1793, ou si ce droit devait être restreint à 30 ans ou à 15 ans. Et Victor Hugo prend naturellement position pour le droit sans limite.

Il est, là-dessus, prolixe et lyrique.

« *Messieurs,* - dit-il – *il ne faut pas se dissimuler que c'est d'un art véritable dont il est question ici. Je ne prétends pas mettre cet art dans lequel l'industrie entre pour une certaine portion, sur le rang des créations poétiques ou littéraires. Cependant, il est incontestable qu'il y a, ici, dans la question, un art tout entier. Bernard Pélissy était un potier. Benvenuto Cellini était un orfèvre. Un pape a désiré un modèle de chandelier d'église. Michel Ange et Raphaël ont concouru pour ce modèle et les deux flambeaux ont été exécutés. Oserait-on dire que ce ne sont pas là des objets d'art ?*

Victor Hugo défend donc la législation en vigueur car elle est généreuse : « *Aujourd'hui, à l'heure où nous parlons, des sculpteurs de premier ordre, j'en citerai un, homme d'un merveilleux talent, M. Pradier, n'hésitent pas à apporter leur concours à ces productions qui ne sont pour l'industrie que des consoles, des pendules, des flambeaux, et qui sont pour les connaisseurs des chefs d'œuvre. Un jour viendra, n'en doutez pas, où beaucoup de ces œuvres traitées aujourd'hui comme de simples produits de l'industrie, et que vous règlementez comme telles, un jour viendra où beaucoup de ces œuvres prendront leur place dans les musées, [...] La collection des vases étrusques, qu'est-ce autre chose ?* ».

Victor Hugo fait, enfin, une autre intervention sur la « marque de fabrique » et sur la question de savoir s'il faut qu'il y ait une marque facultative ou une marque obligatoire sur les produits de l'industrie. Il se prononce pour une marque obligatoire et argumente : « *Mais on me dira, la marque obligatoire est contraire à la liberté. Permettez que je m'explique sur ce point car il est délicat et grave. [...] Il existe un commerce, il existe une industrie qui est soumise à la marque obligatoire. Ce commerce, je vais le nommer tout de suite, c'est la presse, c'est la librairie. Il n'existe pas un papier imprimé, quel qu'il soit, dans quelque but que ce soit, sous quelque dénomination que ce soit, si insignifiant qu'il puisse être, il n'existe pas un papier imprimé qui ne doive au terme des lois qui nous régissent, porter le nom de l'imprimeur et son adresse. Qu'est-ce que cela ? C'est la marque obligatoire. Eh bien, Messieurs les Pairs, je suis de ceux qui ne veulent pas qu'on jouisse de la liberté sans subir la responsabilité.* » *(Mouvements). Messieurs, prenez garde ! le commerce frauduleux, qui n'a malheureusement que trop d'extension, ne voudra pas de la marque facultative. Il ne voudra aucune marque. L'industrie gémira et cèdera. La marque obligatoire serait une arme. Donnez cette arme, donnez cette défense à l'industrie loyale contre le commerce déloyal. Je vous le dis, messieurs les pairs. Je vous le dis en présence des faits déplorables que nous ont cités plusieurs nobles membres de cette chambre, en présence des débouchés qui se ferment, en présence des marchés étrangers qui ne s'ouvrent plus, en présence de la diminution de salaire qui frappe l'ouvrier, et de la falsification des denrées qui frappe le consommateur, je vous le dis avec une conviction croissante, devant la concurrence intérieure, devant la concurrence extérieure surtout, messieurs les pairs, fondez la sincérité commerciale ! (Mouvement)* ».

Sans prétendre avoir tout cité – ce serait impossible, mais tout peut être lu –, nous pensons avoir évoqué toutes les interventions de Victor Hugo à la Chambre des pairs.

Victor Hugo, sénateur de Paris

Il nous faut maintenant faire un grand saut dans l'histoire, et retrouver Victor Hugo, élu cette fois-ci – et non plus nommé – sénateur de la Seine. On le sait, le Sénat, créé par Napoléon, est devenu la Chambre des pairs sous la Restauration. Sous le Second Empire cette chambre s'est appelée à nouveau Sénat, mais les sénateurs étaient toujours nommés. Ils ne seront élus par de « grands électeurs » que sous la Troisième République.

Victor Hugo est donc élu sénateur de Paris le 30 janvier 1876 – soit trente ans après avoir été nommé à la Chambre des pairs. Bruno Fuligni nous rappelle qu'il est élu « *de justesse: 115 voix sur 209 votants au second tour, en quatrième sur cinq. Hugo revoit l'hémicycle du Luxembourg où votent les grands électeurs parisiens, mais c'est pour s'en aller à Versailles où siège alors le Parlement. Il lui faut attendre le retour des chambres* à Paris en 1879 pour parler à nouveau dans la chambre de ses débuts »[29]. Il est devenu un personnage non seulement très connu, mais symbolique, emblématique, un héros national – comme le montreront, en 1885, ses funérailles nationales.

« Faut-il un Sénat ? »

Commençons par évoquer un discours, qui n'est pas le premier dans l'ordre chronologique, par lequel Victor Hugo s'oppose à Mac Mahon. Ce dernier, qui se trouvait face à une chambre des députés républicaine, même si c'était de peu, a le projet de demander qu'elle soit dissoute, dans l'espoir que la suivante soit davantage conforme à ses idées. La Constitution prévoit que le Sénat doit s'exprimer sur cette question. Victor Hugo s'exprime. Et c'est un très grand Victor Hugo qui s'exprime.

Sur la dissolution, il fait deux discours.

Le premier discours a lieu le 18 juin 1877, lors d'une réunion où les sénateurs de gauche se réunissent[30]. Précisons que l'appartenance politique de Victor Hugo est, à ce moment-là, répertoriée *EG* (*extrême gauche*) au sein du Sénat. Lors de cette réunion, Victor Hugo dit ceci : « *Un ministre est ici présent. Je profite de sa présence et c'est à lui que je parle, et voici ce que j'ai à dire à M. le ministre du Commerce. Il est impossible que le président de la République et les membres du cabinet nouveau n'aient point examiné entre eux une éventualité qui est pour nous une certitude. Le cas où, dans trois mois, la Chambre, dissoute aujourd'hui, reviendrait augmentée en nombre dans le sens républicain et, ce qui est une augmentation plus grande encore, accrue en autorité et en puissance, par son mandat renouvelé et par le vote décisif de la France souveraine. En présence de cette chambre qui sera à la fois la chambre ancienne, répudiée par le pouvoir personnel, et la chambre nouvelle, voulue par la souveraineté nationale, que fera le gouvernement ? Quel plan a-t-il arrêté ? Quelle conduite compte-t-il suivre ? Le président fera-t-il simplement son devoir, qui est de se retirer et d'obéir à la nation ? Et les ministres disparaîtront-ils avec lui ? En un mot, quelle est la résolution du président et de son cabinet, dans le cas grave que je viens d'indiquer, je pose cette question aux membres du cabinet ici présents, je la pose catégoriquement et absolument. Aucun faux-fuyant n'est possible : ou bien le ministre me répondra et j'enregistrerai sa réponse ; ou il refusera de me répondre et je constaterai son silence. Dans les deux cas, mon but sera atteint et, que le ministre parle ou non, l'espèce de clarté que je désire, je l'aurai.* »

Le ministre, M. de Meaux se défausse. Il dit que cette question « *ne pourrait être posée qu'au président de la République, et excède la compétence des ministres* ».

Victor Hugo *réplique: «Vous venez d'entendre la réponse de M. le ministre. Eh bien! je vais répliquer à l'honorable M. de Meaux par un fait qui est presque pour lui un fait personnel.*

Un homme qui lui touche de très près, orateur considérable de la droite, dont j'avais été l'ami à la Chambre des Pairs et dont j'étais l'adversaire à l'Assemblée législative, M. de Montalembert, après la crise de juillet 1851, s'émut, bien qu'allié momentané de l'Elysée, des intentions qu'on prêtait au président, M. Louis Bonaparte, lequel protestait du reste de sa loyauté.

M. de Montalembert, alors, se souvenant de notre ancienne amitié, me pria de faire, en mon nom et au sien, au ministre Baroche, la question que je viens de faire tout à l'heure à M. de Meaux… (Profond mouvement d'attention.) Et le ministre d'alors fit à cette question identiquement la même réponse que le ministre aujourd'hui.

Trois ans après, éclatait ce crime qui s'appellera dans l'histoire le 2 Décembre».

Le second discours de Victor Hugo

Il le prononce en séance le 21 juin 1877[31]. Il monte à la tribune et dit ceci : « *Messieurs, un conflit éclate entre deux pouvoirs. Il appartient au Sénat de les départager. C'est aujourd'hui que le Sénat va être juge. Et c'est aujourd'hui que le Sénat va être jugé. (Applaudissements à gauche.) Car si au-dessus du Gouvernement il y a le Sénat, au-dessus du Sénat il y a la nation. […] L'occasion est unique, vous ne la laisserez pas échapper. Quelques publicistes doutent que le Sénat soit utile ; montrez que le Sénat est nécessaire.* » - question récurrente, en effet ! *[…]* « *Une grande nation qui ne demande que la paix ; une nation qui sait ce qu'elle veut, qui sait d'où elle vient et qui a droit de savoir où elle va, une nation qui ne ment pas, qui ne cache rien, qui n'élude rien, qui ne sous-entend rien, et qui marche dans la voie du progrès droit devant elle à visage découvert, la France, qui a donné à l'Europe quatre illustres siècles de philosophie et de civilisation, qui a proclamé par Voltaire la liberté religieuse… (Protestations à droite. — Vive approbation à gauche) et par Mirabeau la liberté politique; la France qui travaille, qui enseigne, qui fraternise, qui a un but, le bien, et qui le dit, qui a un moyen, le juste, et qui le déclare, et derrière cet immense pays en pleine activité, en pleine bonne volonté, en pleine lumière, un gouvernement masqué.» (Applaudissements prolongés à gauche. Réclamations à droite). [...] Du côté monarchiste, que veut-on? Le renversement de la République, la paix publique livrée à la compétition de trois monarchies, le parti pris pour le pape contre notre alliée l'Italie, la partialité pour un culte allant jusqu'à l'acceptation d'une guerre religieuse éventuelle... (Dénégations à droite - À gauche: Oui, oui!) et cela à une époque où la France ne peut et ne doit faire que des guerres patriotiques; le suffrage universel discuté, la force rompant l'équilibre de la loi et du droit, la négation de notre législation civile par la revendication catholique, en un mot une effrayante remise en question de toutes les solutions sur lesquelles repose la société moderne. (Applaudissement répétés à gauche.) Qu'est-ce que tout cela, messieurs? C'est l'esprit de révolution. (Oui! Oui! – Applaudissements) J'avais donc raison de le dire. À cette heure, l'esprit de gouvernement est dans l'opposition, et la révolution impossible. Quelle révolution? La pire de toutes, la révolution inconnue.» (Sensation - Murmures à droite - Vive adhésion à gauche). «Messieurs les sénateurs, croyez-*

moi. Oui, soyez le gouvernement, coupez court à cette tentative, Arrêtez net cette étrange insurrection du 16 mai. (Réclamations à droite; cris «À l'ordre! à l'ordre!» - Applaudissements prolongés à gauche).

Nous poursuivons les citations de la séance en mentionnant les propos du président de séance et les différentes interruptions.

M. le président. ... *Les applaudissements par lesquels vous soutenez l'orateur n'empêcheront pas le président de faire son devoir; Ce n'est pas assez d'avoir porté contre une partie de cette Chambre, des accusations factieuses, vous appelez un acte qui n'est pas sorti de la légalité, un acte révolutionnaire; Le président s'en étonne - (À gauche: « Ce sont les préliminaires de la révolution!»)*

M. Valentin. *L'avertissement était nécessaire!*

M. le président. *Monsieur Valentin, vous n'avez pas la parole!*

A gauche. *A M. Victor Hugo, continuez!*

A droite. *Que l'orateur retire les mots « insurrection ».*

A Gauche, unanimement. *Non, ne retirez rien. L'orateur ne retire rien et continue*:

Victor Hugo. « *C'est aujourd'hui que la grave question des deux Chambres, posée par la Constitution, va être résolue. Deux Chambres sont-elles utiles? Une seule Chambre est-elle préférable? En d'autres termes, faut-il un Sénat? Chose étrange, le Gouvernement, en croyant poser la question de la Chambre des députés, a* *posé la question du Sénat. (Mouvements.) Et, chose non moins remarquable, c'est le Sénat qui va la résoudre. (Approbation à gauche) On vous propose de dissoudre une Chambre. Vous pouvez vous faire cette demande : laquelle ? (Très bien ! à gauche.) Messieurs, j'y insiste. Il dépend aujourd'hui du Sénat de pacifier la France ou de troubler le monde. La France est aujourd'hui désarmée en face de toute la coalition du passé. Le Sénat est son bouclier. La France, livrée aux aventures, n'a plus qu'un point d'appui, un seul, le Sénat. Ce point d'appui lui manquera-t-il ? Sénateurs, prouvez que vous êtes nécessaires. (Adhésion à gauche) Le Sénat, en votant la dissolution, compromet la tranquillité publique et prouve qu'il est dangereux. Le Sénat, en rejetant la dissolution, rassure la patrie et prouve qu'il est nécessaire. Je me tourne vers les hommes qui en ce moment gouvernent, et je leur dis : Si vous obtenez la dissolution, dans trois mois le suffrage universel vous renverra cette Chambre. La même ! Pour vous, en pire. Pourquoi ? Parce qu'elle sera la même. (Sensation profonde). […] Nos enfants auront cet éblouissement, et nous aussi, et avec plus d'assurance que les anciens croisés, nous pouvons dire : Dieu le veut ! Non, le passé ne prévaudra pas. Eût-il la force, nous avons la justice, et la justice est plus forte que la force. Nous sommes la philosophie et la liberté ! Non, tout le moyen âge condensé dans le Syllabus n'aura pas raison de Voltaire ; non, toute la Monarchie, fût-elle triple, et eût-elle, comme l'hydre, trois têtes, n'aura pas raison de la République. (Non, non, non! à gauche.) Le peuple, appuyé sur le droit, c'est Hercule appuyé sur la massue.*

Et maintenant, que la France reste en paix. Que le peuple demeure tranquille. Pour rassurer la civilisation, Hercule au repos suffit. Je vote contre la catastrophe. Je refuse la dissolution. (Acclamation unanime et prolongée à gauche. — Les sénateurs de gauche se lèvent, et M. Victor Hugo, en regagnant sa place, est chaleureusement félicité par tous ses collègues.

La séance est suspendue.)

Et néanmoins, comme on le sait, la dissolution est votée…

Et comme Victor Hugo l'avait annoncé, la majorité républicaine est confirmée par les électeurs. Le président Mac Mahon doit se *soumettre* puis se démettre.

Pour l'amnistie

Nous aborderons maintenant le sujet qui a le plus fortement marqué – avec ce discours contre la dissolution – la présence de Victor Hugo au Sénat. Il s'agit, naturellement, de ce que Géraldi Leroy nous rappelle dans son article sur *l'Année terrible*[32], quand il écrit que, dès octobre 1871, Victor Hugo avait demandé dans *Le Rappel* «*L'amnistie, tout de suite, l'amnistie avant tout*». Victor Hugo s'est battu, inlassablement, pour l'amnistie des Communards. C'est en quelque sorte un juste retour des choses. Souvenons-nous de cette déclaration de l'exilé de Guernesey: «*Hauteville House – 18 août 1859. Personne n'attendra de moi que j'accorde, en ce qui me concerne, un moment d'attention à la chose appelée amnistie. Dans la situation où est la France, protestation absolue, inflexible, éternelle, voilà pour moi le devoir.*

Fidèle à l'engagement que j'ai pris vis-à-vis de ma conscience, je partagerai jusqu'au bout l'exil de la liberté. Quand la liberté rentrera, je rentrerai. Victor Hugo»[33].

Victor Hugo a fait trois discours pour demander l'amnistie. Dans son article sur *L'Année Terrible*, déjà cité, Géraldi Leroy écrivait : « *La plupart* [des] *contemporains* [de Victor Hugo] *ont témoigné une exécration durable à l'égard de la Commune. Jusqu'à l'amnistie, toute expression journalistique et littéraire, même modérée, favorable à la Commune, fut interdite en France, sous peine d'amende et de prison. Il n'a existé qu'une production clandestine véhiculée par la chanson, (Eugène Potier, Jean-Baptiste Clément) des poèmes dans la tradition de la poésie ouvrière et des libelles. Nous n'avons qu'une connaissance très lacunaire, du fait de la fragilité des documents, des destructions, de l'absence des structures de diffusion. Seuls les proscrits réfugiés à l'étranger purent faire connaître leur sentiment. Les écrivains relayèrent très généralement une vision apocalyptique de l'évènement. On connaît les condamnations radicales formulées par G. Sand, Flaubert et les Goncourt et par tout un ensemble d'auteurs. Le bon Théophile Gautier n'était pas en reste.* » Et Géraldi Leroy cite ce texte de Théophile Gautier : « *Il y a, sous toutes les grandes villes, des fosses aux lions, des cavernes fermées d'épais barreaux, où l'on parque les bêtes fauves, les bêtes puantes, les bêtes venimeuses, toutes les perversités réfractaires que la civilisation n'a pu apprivoiser, ceux qui aiment le sang, ceux que l'incendie amuse comme un feu d'artifice, ceux que le vol délecte, ceux pour qui l'attentat à la pudeur représente l'amour, tous les monstres du cœur, tous les difformes de l'âme; population immonde, inconnue au jour, et qui communie sinistrement dans les profondeurs des ténèbres souterraines. Un jour, il advient ceci. Que le belluaire distrait oublie ses clés aux portes de la ménagerie et les animaux féroces se répandent dans la ville épouvantée avec des hurlements sauvages. Des cages ouvertes s'élancent les hyènes de 93 et les gorilles de la Commune*».

C'est dans ce contexte que Victor Hugo montre à la tribune, le 22 mai 1876[34], et dit: «*Mes amis politiques et moi, nous avons pensé que dans une si haute et si difficile question, il fallait par respect pour la question même et par respect pour cette assemblée ne rien laisser au hasard de la parole; et c'est pourquoi j'ai écrit ce que j'ai à vous dire*». Il est plutôt rare que Victor Hugo annonce qu'il a écrit son discours. Après quoi, il prononce la phrase suivante: «*Messieurs, dans la langue politique, l'oubli s'appelle amnistie. Je demande l'amnistie*».

Cette phrase est significative de cette manière qu'a Victor Hugo de dire les choses de manière très claire. Robert Badinter dit qu'il est hanté par cette phrase: «*Je vote pour l'abolition pure, simple et définitive, de la peine de mort*». Et il ajoute: «*Paroles qui n'ont jamais cessé de m'habiter et auxquelles je me permettrai simplement d'ajouter le mot «universelle*».

Mais revenons au discours de 1876 sur l'amnistie. Victor Hugo poursuit – comme il l'avait fait contre la peine de mort – : «*Je demande l'amnistie. Je la demande pleine et entière. Sans conditions. Sans restrictions. Il n'y a d'amnistie que l'amnistie. L'oubli seul pardonne. L'amnistie ne se dose pas. Demander : Quelle quantité d'amnistie faut-il ? c'est comme si l'on demandait : Quelle quantité de guérison faut-il ? Nous répondons : il la faut toute.*

Il faut fermer toute la plaie. Il faut éteindre toute la haine.

Je le déclare, ce qui a été dit, depuis cinq jours contre l'amnistie, et ce qui a été voté, n'a modifié en rien ma conviction».

«*Messieurs, depuis cinq ans, je remplis, dans la mesure de mes forces, un douloureux devoir que, du reste, d'autres, meilleurs que moi, remplissent mieux que moi. Je rends de temps en temps, et le plus fréquemment que je puis, de respectueuses visites à la misère. Oui, depuis cinq ans, j'ai souvent monté de tristes escaliers ; je suis entré dans des logis où il n'y a pas d'air l'été, où il n'y a pas de feu l'hiver, où il n'y a pas de pain ni l'hiver ni l'été. J'ai vu, en 1872, une mère dont l'enfant, un enfant de deux ans, était mort d'un rétrécissement d'intestins causé par le manque d'aliments. J'ai vu des chambres pleines de fièvre et de douleur ; j'ai vu se joindre des mains suppliantes ; j'ai vu se tordre des bras désespérés ; j'ai entendu des râles et des gémissements, là des vieillards, là des femmes, là des enfants ; j'ai vu des souffrances, des désolations, des indigences sans nom, tous les haillons du dénuement, toutes les pâleurs de la famine, et, quand j'ai demandé la cause de toute cette misère, on m'a répondu : C'est que l'homme est absent ! L'homme, c'est le point d'appui, c'est le travailleur, c'est le centre vivant et fort, c'est le pilier de la famille. L'homme n'y est pas, c'est pourquoi la misère y est. Alors j'ai dit : Il faudrait que l'homme revînt. Et parce que je dis cela, j'entends des cris de malédiction, des protestations irritées et, ce qui est pire, des paroles d'ironie. Cela m'étonne, je l'avoue. Je me demande ce qu'ils ont fait, ces êtres accablés, ces vieillards, ces enfants, ces femmes, ces veuves dont le mari n'est pas mort, ces orphelins dont le père est vivant ! Je me demande s'il est juste de punir tous ces groupes douloureux pour des fautes qu'ils n'ont pas commises. Je demande qu'on leur rende le père. Je suis stupéfait d'éveiller tant de colère parce que j'ai compassion de tant de détresse, parce que je n'aime pas voir les infirmes grelotter de faim et de froid, parce que je m'agenouille devant les vieilles mères inconsolables, et parce que je voudrais réchauffer les pieds nus des petits enfants ! Je ne puis m'expliquer comment il est possible qu'en défendant les familles j'ébranle la société, et comment il se fait que, parce que je plaide pour l'innocence, je sois l'avocat du crime !* ».

Il y a enfin un paragraphe très important où il compare finalement deux situations. « *Je vais simplement vous raconter une page d'histoire. Ensuite vous conclurez. (Mouvement – Profond silence).*

Il y a vingt-cinq ans, un homme s'insurgeait contre une nation. Un jour de décembre, ou, pour mieux dire, une nuit, cet homme, chargé de défendre et de garder la République, la prenait au collet, la terrassait et la tuait, attentat qui est le plus grand forfait de l'histoire. (Très bien! à l'extrême gauche.) Autour de cet attentat, car tout crime a pour point d'appui d'autres crimes, cet homme et ses complices commettaient d'innombrables délits de droit commun. Laissez passer l'histoire! Vol: vingt-cinq millions étaient empruntés de force à la Banque; subornation de fonctionnaires: les commissaires de police, devenus des malfaiteurs, arrêtaient des représentants inviolables; embauchage militaire, corruption de l'armée: les soldats gorgés d'or étaient poussés à la révolte contre le gouvernement régulier; offense à la magistrature: les juges étaient chassés de leurs sièges par des caporaux; destruction d'édifices: le palais de l'Assemblée était démoli; l'hôtel Sallandrouze était canonné et mitraillé; assassinat: Baudin était tué, Dussoubs était tué, un enfant de sept ans était tué rue Tiquetonne, le boulevard Montmartre était jonché de cadavres; plus tard, car cet immense crime couvrit la France, Martin Bidauré était fusillé, fusillé deux fois, [...]. Et j'ajoute: contre qui fut commis ce crime? Contre un peuple. Et au profit de qui ? Au profit d'un homme. (Très bien ! Très bien ! à l'extrême gauche). Vingt ans après (...) Paris, après un sinistre assaut de cinq mois, avait cette fièvre redoutable que les hommes de guerre appellent la fièvre obsidionale. Paris, cet admirable Paris, sortait d'un long siège, stoïquement soutenu ; il avait souffert la faim, l'emprisonnement, car une ville assiégée est une ville en prison ; il avait subi la bataille de tous les jours, le bombardement, la mitraille, mais il avait sauvé, non la France, mais ce qui est plus encore peut-être, l'honneur de la France (Mouvement.) ; il était saignant et content. L'ennemi pouvait le faire saigner, des Français seuls pouvaient le blesser ; on le blessa. On lui retira le titre de capitale de la France ; Paris ne fut plus la capitale... que du monde. Alors la première des villes voulut être au moins l'égale du dernier des hameaux, Paris voulut être une commune. (Rumeurs à droite.) De là une colère ; de là un conflit. Ne croyez pas que je cherche ici à rien atténuer. (...) Je me borne aux faits judiciaires ; je pourrais en constater d'autres, plus lamentables encore ; mais je m'arrête.

Oui, cela est réel, des fosses, – de larges fosses –, ont été creusées ici et en Calédonie ; depuis la fatale année 1871 de longs cris d'agonie se mêlent à l'espèce de paix que fait l'état de siège ; un enfant de vingt ans, condamné à mort pour un article de journal, a eu sa grâce, le bagne, et a été néanmoins exécuté par la nostalgie, à cinq mille lieues de sa mère ; les pénalités ont été et sont encore absolues [...] La répression est inexorable. C'est ainsi que le 18 Mars a été frappé.

Quant au 2 décembre, le crime d'un homme contre une nation, j'y insiste, dire qu'il a été impuni serait dérisoire, il a été glorifié ; il a été, non subi, mais adoré ; il est passé à l'état de crime légal et de forfait inviolable. (Applaudissements à l'extrême gauche.) Les prêtres ont prié pour lui ; les juges ont jugé sous lui ; des représentants du peuple, à qui ce crime avait donné des coups de crosse, non-seulement les ont reçus, mais les ont acceptés (Rires à gauche.), et se sont faits ses serviteurs. L'auteur du crime est mort dans son lit, après avoir complété le 2 décembre par Sedan, la trahison par l'ineptie et le renversement de la République par la chute de la France ; et, quant aux complices, [...], ils ont donné leurs noms à des rues de Paris. Ainsi, à vingt ans d'intervalle, pour deux révoltes, pour le 18 Mars et le 2 Décembre, telles ont été les deux conduites tenues dans les régions du haut desquelles on gouverne : contre le peuple, toutes les rigueurs ; devant l'empereur, toutes les bassesses. Il est temps de faire cesser l'étonnement de la conscience humaine. Il est temps de renoncer à cette honte de deux poids et de deux mesures ; je demande, pour les faits du 18 Mars, l'amnistie pleine et entière. (Applaudissements prolongés à l'extrême gauche – La séance est suspendue – L'orateur regagne son banc, félicité par ses collègues.)

Vient le moment du vote pour l'amnistie. Se lèvent pour – parce qu'on vote par « assis » et « levé » – « M. Victor Hugo, M. Peyrat, M. Schoelcher, M. Laurent Pichat, M. Scheurer-Kestner, M. Corbon, M. Férouillat, M. Brillier, M. Pomel (d'Oran), M. Lelièvre (d'Alger) » : soit dix sénateurs. Se lèvent contre : tous les autres.

Le Figaro publie un article dans lequel on lit : « *L'amnistie est enterrée sous un discours de M. Victor Hugo* ».

La vraie clémence

Dans son deuxième discours sur le même sujet, le 28 février 1879[35], Victor Hugo revient à la charge, à nouveau, et avec beaucoup de force.

« *Le pouvoir exécutif intervient cette fois, et il vous dit : La grâce dépend de moi, l'amnistie dépend de vous. Combinez ces deux solutions ; faites des catégories : ici les amnistiés ; là les commués ; au fond, les non graciés. La peine d'un côté, l'effacement de l'autre.*

Messieurs, composez ainsi le pour et le contre ; vous verrez tous ces deux pansements s'irriter, toutes ces plaies saigner, toutes ces douleurs gémir, la question se plaindra jusqu'à ce qu'elle revienne. Si, au contraire, vous acceptez la grande solution, la solution vraie, l'amnistie totale, générale, sans réserve, sans condition, sans restriction, l'amnistie pleine et entière, alors la paix naîtra, et vous n'entendrez plus rien que le bruit immense et profond de la guerre civile qui se ferme. [...] Quel mal y aurait-il à ce qu'on pût dire : La France a eu un moment terrible ; il y avait d'un côté la

Commune, menaçant la magnifique fondation de 93, l'unité nationale ; il y avait de l'autre côté trois monarchies et le pouvoir clérical ; ces forces obscures se sont livré bataille… Vous êtes alors intervenus ; vous avez saisi les deux forces et les avez brisées l'une sur l'autre, et vous en avez extrait la clémence, la vraie clémence,-l'oubli. Et c'est ainsi que, dans l'ombre et dans la nuit, la République, la République souveraine, la République toute-puissante, a su, du choc de deux blocs de ténèbres, faire jaillir la lumière ».

Le dernier discours

Et puis il y a le troisième discours de Victor Hugo sur l'amnistie au Sénat, le 3 juillet 1880[36], plus court, par lequel il résume sa pensée : « *Le 14 juillet a marqué la fin de tous les esclavages. Ce grand effort humain a été un effort divin. Quand on comprendra, pour employer les mots dans leur sens absolu, que toute action humaine est une action divine, alors tout sera dit, le monde n'aura plus qu'à marcher pour le progrès tranquille vers l'avenir superbe* ».

Et ce sont les dernières paroles de Victor Hugo au Sénat : « *Quant à moi, laissez-moi terminer par ce souvenir. Il y a trente quatre ans, je débutais à la tribune française, à cette tribune. Dieu permettait que mes premières paroles fussent pour la marche en avant et pour la vérité. Il permet aujourd'hui que celles-ci, les dernières si je songe à mon âge, que je prononcerai parmi vous peut-être, soient pour la clémence et pour la justice* » *(Profonde émotion et vifs applaudissements)*.

Ces discours de Victor Hugo sur l'amnistie, au Sénat, sont peu connus, mais en eux se réfracte toute son œuvre.

« L'océan gouverné par l'ouragan »

Pendant l'exil à Guernesey, Victor Hugo avait un chien. Et il avait décidé de l'appeler Sénat. Il visait par cette appellation et ce sobriquet le Sénat conservateur de l'Empire. Mais il y avait déjà – et encore – de grands débats, et l'on se demandait s'il était nécessaire que cette chambre existât. À cela, on a souvent répondu par une phrase de Victor Hugo très célèbre qui date du 4 novembre 1848 et qui a été beaucoup citée. Elle est même parfois citée par les personnages les plus conservateurs du Sénat qui s'en glorifient. Cette phrase de Victor Hugo est la suivante : « *La France gouvernée par une assemblée unique, c'est-à-dire l'océan gouverné par l'ouragan* »[37].

Nous faisons souvent visiter le Sénat et, à chaque fois, nous expliquons à quoi sert cette assemblée et comment on fait une loi dans notre pays. On n'imagine pas le nombre de gens, qu'ils fussent très jeunes ou plus anciens, qui ignorent complètement comment on fait une loi dans la République française. Chaque fois, nous installons les classes ou les groupes dans l'hémicycle et nous leur montrons la place de Victor Hugo. Non pas la place de la Chambre des pairs – nous ne la connaissons pas – mais cette place, à gauche, la troisième place au second rang, où il siégea. Et nous leur disons : vous savez, Victor Hugo, à cette tribune, mais aussi à d'autres tribunes, a défendu le droit de vote des femmes, les lois sociales – il avait écrit *Les Misérables* –, l'école publique, laïque et obligatoire, l'abolition de l'esclavage – Victor Schoelcher était son ami –, il a voté pour l'abolition de la peine de mort, les États-Unis d'Europe, l'amnistie après la Commune, la monnaie unique européenne. Et chaque fois qu'il défendait ces projets, bien des gens disaient : « *Vous savez, cela n'arrivera jamais. C'est un poète – un idéaliste en quelque sorte* ». La vérité, c'est que tout ce qu'il a défendu a fini par advenir. La politique, la dignité de la politique, cela consiste à gérer le présent mais aussi à se projeter dans l'avenir – à voir loin.

« La France libre veut les peuples libres »

Nous terminons en citant les deux dernières pages de *Choses Vues.*

Ce sont les *Carnets* de Victor Hugo. Il écrit à la date du 20 juin 1883 : «*Je vais bientôt te rejoindre ma bien aimée*» - Juliette Drouet était morte le 11 mai 1883. Il écrit à la date du 22 février 1884 : «*Je suis allé aujourd'hui au Sénat. Le hasard m'a fourni une séance presque orageuse. Il s'agissait d'une loi sur les syndicats ouvriers. Corbon a parlé et bien parlé. Il est président de la commission. Il y a eu d'abord élection à l'Académie. François Copé 24 voix contre 11 à Montaigu, Ferdinand de Lesseps 22 voix contre 11 billets blancs*». Il écrit à la date du 25 février 1884 : «*J'ai rêvé du Sénat. J'y ai parlé. J'y ai prononcé en terminant ces paroles que j'y ai dites en rêve et que j'y dirai peut-être en réalité : La France libre veut les peuples libres. Ce que veut la France, ce que la France demande, elle l'obtiendra. Et de l'union des libertés dans la fraternité des peuples naîtra la sympathie des âmes, germe de cet immense avenir où commencera pour le genre humain la vie universelle et qu'on appellera la paix de l'Europe*». Il écrit à la date du 11 mai 1884: «*Il y a aujourd'hui un an, à trois heures. Femme admirable! Nous nous reverrons dans la vie future*». Il écrit à la date du 7 juin 1884: «*Que la république affirme le droit et impose le devoir*». Il écrit le 30 novembre 1884: «*J'ai été visiter la statue colossale en bronze de Bartoldi pour l'Amérique. C'est très beau. J'ai dit en voyant la statue: La mer, cette grande agitée, constate l'union de deux grandes terres apaisées. On me demande de laisser graver ces mots sur le piédestal*». Il écrit le 19 mai 1885: «*Aimer, c'est agir*»[38].

Victor Hugo est mort le 22 mai 1885. On dit que sa dernière parole fut: « *C'est ici le combat du jour et de la nuit.* »

Notes

1 – *Victor-Marie Comte Hugo*, dans Charles Péguy, *Œuvres en prose complètes*, Robert Burac, Bibliothèque de La Pléiade, Tome III, p. 161 à 345.

2 – *Op. cit.*, p. 259.

3 – *Op. cit.*, p. 208.

4 – *Op. cit.*, p. 252.

5 – *Op. cit.*, p. 266.

6 – *Op. cit.*, p. 248.

7 – La libre-pensée (expression attribuée à Victor Hugo) est l'attitude philosophique consistant à refuser tout dogmatisme religieux, philosophique ou autre, et à ne se fier qu'à la raison pour penser ou juger.

8 – *Op. cit.*, p. 236.

9 – *Op. cit.*, p. 249-250.

10 – *Op. cit.*, p. 273.

11 – *Op. cit.*, p. 261.

12 – Sur Victor Hugo pair de France puis sénateur, signalons d'emblée le rapport publié par le Sénat en 2002 : «*L'année Victor Hugo au Sénat. Hommage solennel du Sénat à Victor Hugo à l'occasion du bicentenaire de sa naissance*».

13 – Extrait du *Journal* de Victor Hugo à la date du 16 novembre 1844, cité par Alain Decaux, *Victor Hugo*, Perrin, 1985, p. 545-646.

14 – *Op. cit.*, p. 646.

15 – *Op. cit.*, p. 646.

16 – *Op. cit.*, p. 647.

17 – Ces faits et ceux qui suivent sont relatés d'après Alain Decaux, *op. cit.*, p. 647 à 651.

18 – Bruno Fuligni, *Victor Hugo, le poète-sénateur*, L'Hémicycle n° 495, septembre-octobre 2017, p. 50-51.

19 – *Choses vues*, éditions 10/18, p. 133-134.

20 – Ce fait est rappelé par Bruno Fuligni, *ibid.*

21 – *Op. cit.*, p. 135-138.

22 – *Op. cit.*, p. 211-214.

23 – *Victor Hugo*, *Œuvres complètes*, édition chronologique dirigée par Jean Massin, Le Club français du livre, 1968. Voir le texte de Pierre Halbwachs dans le Tome VI, p. I à XXXIII.

24 – *Op. cit.*, Tome VII, p. 82 à 85.

25 – *Op. cit.*, Tome VII, p. 90 à 97.

26 – *Op. cit.*, Tome VII, p. 97 à 103.

27 – *Op. cit.*, Tome VII, p. 97 à 101.

28 – *Op. cit.*, Tome VII, p. 80 à 82.

29 – Bruno Fuligni, *ibid.*

30 – *Op. cit.*, Tome XV, p. 1412 à 1415.

31 – *Op. cit.*, Tome XV, p. 1415 à 1419.

32 – Géraldi Leroy, *Victor Hugo et l'année terrible*, colloque du 27 novembre 2002, Muséum des sciences naturelles d'Orléans, Académie d'Orléans, agriculture, sciences, belles-lettres et arts et Association des membres de l'ordre des Palmes académiques, section du Loiret.

33 – Victor Hugo, *Actes et paroles*, 18 août 1859.

34 - *Victor Hugo*, *Œuvres complètes*, Jean Massin, *op. cit.*, dans le Tome XV, p. 1382-1390.

35 – *Op. cit.*, Tome XV, p. 1449-1450.

36 – *Op. cit.*, Tome XV, p. 1458-1459.

37 – *Choses vues*, *op. cit.*, 4 novembre 1848.

38 – *Choses vues*, *op. cit.*, 20 juin 1883, 23 février 1884, 25 février 1884, 11 mai 1884, 7 juin 1884, 30 novembre 1884.

Remerciements

Je remercie Alain MALISSARD qui fut professeur à l'Université d'Orléans et président de l'association Guillaume Budé d'Orléans, trop tôt disparu, qui est à l'origine de cet ouvrage dont la première version fut une conférence que j'ai faite à son initiative devant cette association le 26 mars 2015.

Je remercie également la Bibliothèque et le service des Archives du Sénat pour leur aide efficace, ainsi que Michèle BARDOT pour son précieux concours.

Annexes

Documents aimablement fournis par la division des Archives du Sénat

p. 86 – Médaille en argent de Victor Hugo, 1876, graveur : Gayrard.

p. 87 – Médaille en argent de Victor Hugo, 1885, graveur : Bourgeois.

p. 89 – Manuscrit de la proposition de loi n° 9, session 1876, relative à l'amnistie, signée par Victor Hugo.

p. 90-91 – Texte imprimé de la même proposition de loi.

p. 93-101 – Rapport de M. Paris sur la proposition de loi (10/04/1876).

p. 103-135 – Texte manuscrit de l'intervention de Victor Hugo du 22 mai 1876 (manquent les feuillets 17 et 18).

p. 137-139 – Texte du même discours paru au Journal Officiel du 23 mai 1876.

SÉNAT
VICTOR HUGO
1876

SÉNAT
VICTOR HUGO
1885

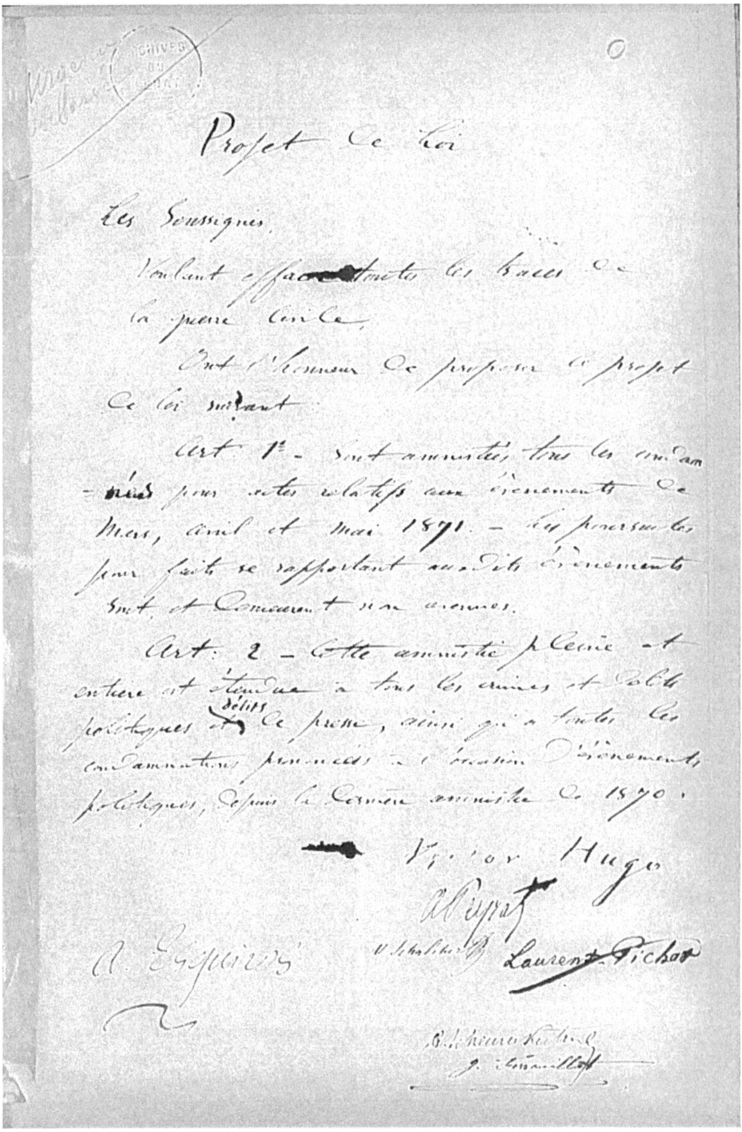

Projet de loi

Les soussignés,

Voulant effacer toutes les traces de la guerre civile,

Ont l'honneur de proposer le projet de loi suivant.

Art. 1er – Sont amnistiés tous les condamnés pour actes relatifs aux événements de mars, avril et mai 1871. – Les poursuites pour faits se rapportant auxdits événements sont et demeurent non avenues.

Art. 2 – Cette amnistie pleine et entière est étendue à tous les crimes et délits politiques et délits de presse, ainsi qu'à toutes les condamnations prononcées à l'occasion d'événements politiques, depuis la dernière amnistie de 1870.

Victor Hugo

A. Peyrat

V. Schœlcher

Laurent Pichat

A. Esquiros

[illegible]

Scheurer-Kestner

J. Ferrouillat

N° 9

SÉNAT

SESSION 1876.

Annexe au procès-verbal de la séance du 21 mars 1876.

PROPOSITION DE LOI

RELATIVE *à l'***amnistie,**

(Urgence déclarée)

PRÉSENTÉE

PAR MM. VICTOR HUGO, A. PEYRAT, A. ESQUIROS, V. SCHŒLCHER, LAURENT-PICHAT, A. SCHEURER-KESTNER, J. FERROUILLAT,

Sénateurs.

Les soussignés,

Voulant effacer toutes les traces de la guerre civile,
Ont l'honneur de présenter la proposition de loi suivante :

PROPOSITION DE LOI.

Article premier.

Sont amnistiés tous les condamnés pour actes relatifs aux événements de mars, avril et mai 1871. — Les poursuites pour faits se rapportant auxdits événements, sont et demeurent non avenues.

Article 2.

Cette amnistie, pleine et entière, est étendue à tous les crimes et délits politiques et délits de presse, ainsi qu'à toutes les condamnations prononcées à l'occasion d'événements politiques, depuis la dernière amnistie de 1870.

VERSAILLES. — CERF ET FILS, IMPRIMEURS DU SÉNAT, 59, RUE DU PLESSIS.

N° 28

SÉNAT

SESSION 1876

Annexe au procès-verbal de la séance du 10 avril 1876.

RAPPORT

FAIT

Au nom de la Commission[1] *chargée d'examiner la proposition de loi de MM. Victor Hugo, Peyrat et autres, relative à l'***amnistie**

(Urgence déclarée)

Par M. PARIS

Sénateur

MESSIEURS,

Vous avez apprécié avec quel esprit de fermeté et de modération la justice militaire a poursuivi et châtié, depuis cinq années, les auteurs de l'insurrection du 18 mars; vous savez

---

[1] Cette Commission est composée de MM. le général CHANGARNIER, *Président;* PARIS, *Secrétaire* et *Rapporteur;* KRANTZ, marquis de MALEVILLE, MICHEL, amiral de DOMPIERRE D'HORNOY, de BELCASTEL, DELSOL, FOURCAND.
(Voir le n° 9.)

quelle part d'indulgence la Commission des grâces et le Président de la République ont accordée aux condamnés dignes d'intérêt. Les rapports du général Appert et de MM. Martel et Voisin ont achevé d'éclairer sur ce point l'opinion publique, et l'on pouvait croire que les demandes d'amnistie présentées à l'Assemblée nationale, au début des travaux si complexes des conseils de guerre, ne se reproduiraient pas devant les nouvelles Chambres.

La Commission à laquelle l'Assemblée nationale en avait renvoyé l'examen n'avait-elle pas d'ailleurs conclu, à l'unanimité, au rejet de la proposition d'amnistie la plus générale, qui excluait les repris de justice et les coupables de crimes de droit commun? Les auteurs du projet d'amnistie partielle, s'appliquant aux individus qui avaient eu un grade inférieur dans l'armée insurrectionnelle et à qui aucun fait déterminé n'était reproché, n'avaient-ils pas reconnu spontanément que l'œuvre accomplie par les conseils de guerre et la Commission des grâces donnait satisfaction à la pensée généreuse qui les avait inspirés?

La question de l'amnistie semblait donc écartée des débats parlementaires, lorsqu'à la séance du 20 mars 1876, plusieurs de nos honorables collègues déposèrent sur le Bureau du Sénat une proposition dont nous croyons devoir reproduire les termes :

« Les soussignés,

« Voulant effacer toutes les traces de la guerre civile,

« Ont l'honneur de présenter la proposition de loi suivante :

« PROPOSITION DE LOI

« ARTICLE PREMIER.

« Sont amnistiés tous les condamnés pour actes relatifs aux événements de mars, avril et mai 1871. — Les poursuites pour faits se rapportant auxdits événements sont et demeurent non avenues.

« Art. 2.

« Cette amnistie, pleine et entière, est étendue à tous les crimes et délits politiques et délits de presse, ainsi qu'à toutes les condamnations prononcées à l'occasion d'événements politiques, depuis la dernière amnistie de 1870. »

Pour apprécier le caractère et la portée de cette proposition, rappelons d'abord que l'amnistie, considérée au point de vue légal et dans ses effets juridiques, emporte abolition des crimes, des poursuites et des condamnations auxquelles elle s'applique; elle les couvre du voile de l'oubli, à ce point qu'ils sont réputés n'avoir jamais existé.

En fait, l'amnistie qu'on demande au Sénat de consacrer par son vote ne procède plus, comme les projets rédigés en 1871, par voie de catégories; elle sera pleine et entière; elle s'appliquera à tous les jugements, rendus contradictoirement ou par défaut; elle arrêtera, pour quelque cause que ce soit, l'exercice de l'action publique.

Ainsi, Messieurs, cinq années après que la Commune a tenu Paris sous son joug, soutenu contre l'armée de la France, sous les yeux de l'étranger, une lutte longue et sanglante, on vient dire au Sénat : L'insurrection du 18 mars est une « guerre civile » ; effaçons-en les traces; les attentats commis contre le Gouvernement régulier et la société elle-même sont considérés comme des « événements » qu'on nous engage à oublier; la destruction de nos monuments, le massacre des otages et tant d'odieux épisodes sont compris parmi les « faits se rapportant auxdits événements »; amnistions-en les auteurs. Qu'aucune exception ne soit faite, ni pour ces révolutionnaires cosmopolites, toujours mêlés à nos discordes (la justice en a frappé 396, sans compter les contumax); ni pour les repris de justice les plus vulgaires, voleurs ou escrocs (on compte, parmi les condamnés, 2,911 individus coupables de crimes ou de délits antérieurs)[1]; ni pour les incendiaires, ni pour les assassins (97 subissent, en ce moment, la peine des travaux forcés ou de la déportation).

En même temps que nous rendrons la liberté aux condamnés qui exécutent les jugements rendus contre eux contradictoirement, nous rappellerons en France les membres de la Commune, du Comité central, du Comité de Salut public, tous ces instigateurs de l'insurrection qui ont égaré tant de malheureux et cherché, à l'heure du danger et de la justice, un asile au delà de la frontière (3,313 contumax, condamnés aux peines les plus graves[2], n'avaient pas été repris, à la date du 1er juillet 1875 et s'étaient, en grande partie, réfugiés à l'étranger). Tous ces individus seront indistinctement relevés des peines encourues et réintégrés dans leurs droits civils et politiques; ils redeviendront électeurs et éligibles. Le passé sera oublié.

En présence de telles conséquences, que les auteurs de la demande d'amnistie pleine et entière n'ont sans doute pas prévues, la solution qu'il appartenait à la Commission de vous proposer ne pouvait être douteuse. Interprète des sentiments manifestés presque sans contradiction dans tous les Bureaux du Sénat, elle a pensé que l'amnistie serait à la fois inopportune, injuste et dangereuse.

Si nous consultons l'opinion, qu'il est du devoir des législateurs d'interroger, nous reconnaîtrons que, loin de demander l'amnistie, la partie saine et honnête de la population a accueilli avec

---

1. Contre l'ordre public	504
— les personnes	454
— les mœurs	128
— la propriété	1,534
Vagabondage	291
	2,911

2. Condamnés à la peine de mort	175
— à la déportation	2,910
— aux travaux forcés	159
— à la détention	30
— à des peines correctionnelles	39
	3,313

un sentiment d'inquiétude la seule annonce des propositions formulées à ce sujet, et qu'elle ne s'est calmée que lorsqu'elle a été convaincue que c'était là une simple démonstration dont le résultat final n'offrait aucun doute.

Et que deviendrait dans les âmes, s'il en était autrement, le sentiment du droit, le respect de la justice?

Selon la promesse faite avec autant d'esprit politique que de courage par le Chef du Pouvoir exécutif, le 22 mai 1871, « c'est par les voies régulières que justice a été faite; les lois seules sont intervenues; l'expiation a été telle que les honnêtes gens doivent l'infliger quand la justice l'exige : l'expiation au nom de la loi et par la loi. »

Eh bien! abolir, en vertu d'une amnistie, l'œuvre si difficile et si pénible que nous avons vu accomplir avec tant d'intelligence et de cœur par 26 conseils de guerre; effacer par un vote 10,137 condamnations contradictoires, 3,313 jugements rendus par contumace, ce serait porter atteinte, — qu'on le veuille ou non, — à ce principe gravé dans les consciences, qui exige que, pour satisfaire à la justice et donner aux autres membres de la société un exemple salutaire, le condamné subisse la peine méritée par son crime, à moins que la grâce ne soit accordée à son repentir; ce serait modifier profondément, dans l'opinion, le caractère d'une répression dont la légalité a été la base. Sans doute, avec raison, l'on dira que l'amnistie n'emporte, par elle-même, ni improbation, ni approbation des décisions judiciaires qui sont intervenues, qu'elle ne les revise pas, qu'elle ne les atteint pas. Mais l'appréciation populaire n'est pas celle des juristes, et n'aurions-nous pas à craindre qu'en voyant le Sénat abolir, après cinq ans, tant de décisions souveraines, équitablement rendues, le pays ne considérât la loi d'amnistie comme une atteinte portée aux arrêts de la justice, une mise en suspicion des conseils de guerre et une véritable réhabilitation de la Commune?

Gardons-nous, Messieurs, de provoquer une interprétation aussi pleine de dangers. Elle créerait un appel permanent à la révolte; elle permettrait aux faibles et aux ignorants de croire que dans les insurrections les plus criminelles il n'y a, après tout, que des vainqueurs et des vaincus, et qu'une fois la bataille terminée, leur intérêt consiste à faire la paix le plus tôt possible, à confondre dans un égal oubli leurs erreurs communes et leurs griefs réciproques. Est-ce ainsi, Messieurs, qu'une nation doit chercher à obtenir la pacification des esprits et des cœurs? Est-ce ainsi qu'elle peut espérer le maintien de l'ordre social et l'affermissement de ses institutions politiques !

Disons-le hautement, les gouvernements acquièrent d'autant plus d'autorité morale et de stabilité qu'ils protégent davantage tous les droits et rassurent plus complétement tous les intérêts; ils obtiennent d'autant plus la confiance qu'ils répudient plus ouvertement les procédés révolutionnaires et ces doctrines funestes qui font de l'insurrection l'état périodique des sociétés. — En repoussant l'amnistie, nous montrerons notre force; en accordant aux criminels de la Commune une trop facile indulgence, nous ferions, au contraire, acte évident de faiblesse.

Ne croyez pas, en effet, Messieurs, que les auteurs de l'insurrection du 18 mars soient disposés à accepter l'amnistie comme un pardon ni même comme un oubli. Les renseignements fournis à votre Commission vous enlèveraient toute illusion. S'il y a parmi les déportés, parmi les réfugiés de Bruxelles, de Londres et de Genève, des coupables qui se repentent et qui se montreraient reconnaissants d'un tel bienfait, le plus grand nombre s'estiment des martyrs politiques et entendent revenir de l'exil en vainqueurs. Le Gouvernement de la République étant, selon eux, contraint de les amnistier, la mesure dont ils bénéficieraient ne leur inspirerait aucune gratitude. Contre une société qui ne saurait pas se défendre, ils se montreraient bientôt aussi dangereux qu'au temps de la Commune. Les brochures, les journaux qu'ils publient à l'étranger nous démontrent que le jour de l'amnistie serait pour eux la veille des représailles.

Si nous vous proposons de rejeter la proposition d'amnistie, est-ce à dire cependant que nous méconnaissions les douleurs et les misères que l'insurrection du 18 mars a laissées derrière elle? L'intérêt général nous contraint-il à rester sourds aux plaintes de ces femmes, de ces enfants réduits à la misère par la faute d'un époux ou d'un père? Non certes, Messieurs, la part faite aux rigueurs nécessaires de la justice n'exclut pas celle qu'il convient de laisser à la clémence. Nous aussi, nous disons, avec autant d'émotion que les honorables auteurs des propositions d'amnistie : Pitié pour eux! Pitié pour ceux qui se sont laissés égarer par tant d'écrits pervers et de prédications malsaines! Pitié pour ceux qui, après avoir participé à l'insurrection du 18 mars, sans se rendre assez compte du caractère criminel de cet odieux attentat, expient depuis cinq ans leur faute et manifestent au moins quelque regret. S'ils peuvent, sans danger pour la société, être rendus à leurs familles, qu'on leur ouvre les portes de la prison.

Mais ce n'est pas l'amnistie, c'est l'exercice du droit de grâce qui répond à ce désir des âmes portées à la miséricorde. A des mesures générales, aussi fécondes en injustices qu'en dangers, le droit de grâce permet de substituer l'examen particulier de la position de chaque condamné qui forme un recours, de tenir compte de ses antécédents, des circonstances qui ont accompagné les faits incriminés, de la conduite qu'il a tenue depuis son jugement, de la position de sa famille plus où moins digne d'intérêt, et d'apprécier, d'après ces divers éléments, s'il mérite une réduction ou même une remise complète de la peine encourue.

Pour entreprendre l'œuvre de clémence ainsi comprise, le Gouvernement et l'Assemblée nationale n'ont pas attendu le dépôt des propositions d'amnistie. Rappelons au Sénat, rappelons surtout au pays que la justice militaire a fait, la première, une sage distinction entre les coupables et les égarés, et que la Commission des grâces a ensuite ouvert des voies dans lesquelles il n'y a qu'à persévérer.

Le rapport de M. le général Appert constate en effet que, sur 43,522 inculpés, 7,213 ont été relâchés sur « refus d'informer, » 23,727 en vertu d'ordonnances de non-lieu, et que parmi les 12,582 plus compromis qui ont été mis en jugement, 10,137 ont été condamnés, et 2,443 acquittés. Le nombre des acquittements, devant les conseils de guerre, a ainsi dépassé la moyenne habituelle des tribunaux ordinaires. M. le général Appert nous apprend, dans le même document, que dès le mois de juillet 1875, la justice militaire avait, pour ainsi dire, terminé sa tâche. Elle se bornait à poursuivre les individus signalés comme ayant à leur charge des faits de droit commun, des actes importants d'organisation ou de direction pendant la période insurrectionnelle, et à juger contradictoirement les condamnés par contumace qui avaient été repris ou qui se présentaient volontairement.

La Commission des grâces, nommée en séance publique le 10 juillet 1871, a fonctionné jusqu'au jour où son mandat a expiré avec celui de l'Assemblée nationale qui l'avait instituée. D'après le rapport supplémentaire présenté le 8 mars dernier à la Commission de permanence, 6,536 condamnés sur 10,137 ont formé un premier recours en grâce. 2,064 ont obtenu, soit la commutation, soit la remise partielle ou totale de leur peine. La Commission a admis les seconds, les troisièmes, les quatrièmes recours; sur 1,643 demandes ainsi reproduites, 1,077 décisions sont intervenues, soit au profit de condamnés qui n'avaient encore obtenu aucune grâce, soit au profit de ceux qui avaient été l'objet d'une commutation antérieure. En résumé, 6,536 condamnés ont présenté un recours; 2,649 ont obtenu grâce complète ou partielle. La Commission a émis 8,179 avis; 5,039 ont été favorables. Ajoutons, pour compléter les renseignements qui nous paraissent nécessaires à l'examen de cette grave question, que le nombre des condamnés à la déportation dirigés sur la Nouvelle-Calédonie est de 3,575, et que, parmi eux, l'on en compte 1,504 qui avaient commis des crimes ou des délits antérieurement à l'insurrection du 18 mars [1].

Si la Commission des grâces a pris fin, vous savez, Messieurs, que sa tâche ne restera pas inachevée. La Constitution a confié au Président de la République le droit de grâce dans toute sa

1. Contre l'ordre public	164
— les personnes	176
— les mœurs	85
— la propriété	962
Vagabondage	117
	1,504

plénitude. Les déclarations apportées à la tribune et renouvelées devant votre Commission vous donnent l'assurance que le Gouvernement, énergiquement déterminé à repousser toute proposition d'amnistie, se montrera fidèle aux traditions suivies jusqu'à ce jour; que, de plus en plus, il tiendra compte et du temps écoulé depuis l'insurrection de 1871 et de l'amélioration morale des condamnés, et qu'il usera, aussi largement que les circonstances le permettront, de l'une de ses prérogatives les plus importantes et les plus douces à exercer. C'est ainsi que, montrant à la fois sa fermeté contre le crime et sa clémence envers le repentir, il répondra aux vœux du Sénat et à l'attente du pays.

Par ces motifs, votre Commission conclut au rejet de la proposition d'amnistie.

VERSAILLES. — IMPRIMERIE DU SÉNAT. — A. BOURDILLIAT. — 6060

Messieurs,

Mes amis politiques et moi, nous avons pensé que, dans une si haute et si difficile question, il fallait, par respect pour la question même, [et par respect pour cette assemblée,] ne rien laisser au hasard de la parole ; et c'est pourquoi j'ai écrit ce que j'ai à vous dire. [Il convient d'ailleurs à mon âge de ne prononcer que des paroles pesées et réfléchies.] Le Sénat, je l'espère, approuvera cette prudence.

[Du reste, et cela va sans dire, mes paroles n'engagent que moi.

[Messieurs, après ces funestes malentendus qu'on appelle crises sociales, après les déchirements et les luttes, après les guerres civiles, qui ont ceci pour châtiment, ~~que~~ c'est que souvent le bon droit s'y donne tort, les sociétés humaines, douloureusement ébranlées, se rattachent aux vérités absolues, et éprouvent un double besoin, le besoin d'espérer et le besoin d'oublier.

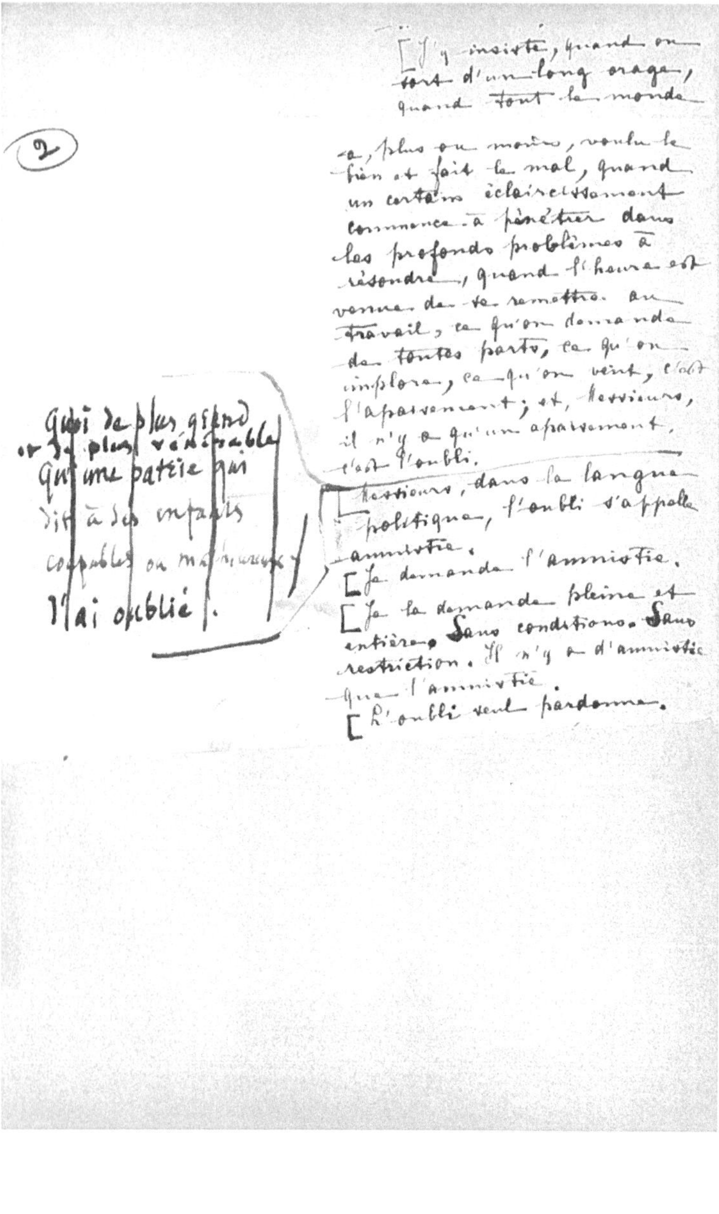

2

[J'y insiste, quand on sort d'un long orage, quand tout le monde a, plus ou moins, voulu le bien et fait le mal, quand un certain éclaircissement commence à pénétrer dans les profonds problèmes à résoudre, quand l'heure est venue de se remettre au travail, ce qu'on demande de toutes parts, ce qu'on implore, ce qu'on veut, c'est l'apaisement ; et, Messieurs, il n'y a qu'un apaisement, c'est l'oubli.

[Messieurs, dans la langue politique, l'oubli s'appelle amnistie.

[Je demande l'amnistie.

[Je la demande pleine et entière. Sans conditions. Sans restriction. Il n'y a d'amnistie que l'amnistie.

[L'oubli seul pardonne.

Quoi de plus grand et de plus vénérable qu'une patrie qui dit à ses enfants coupables ou malheureux : J'ai oublié !

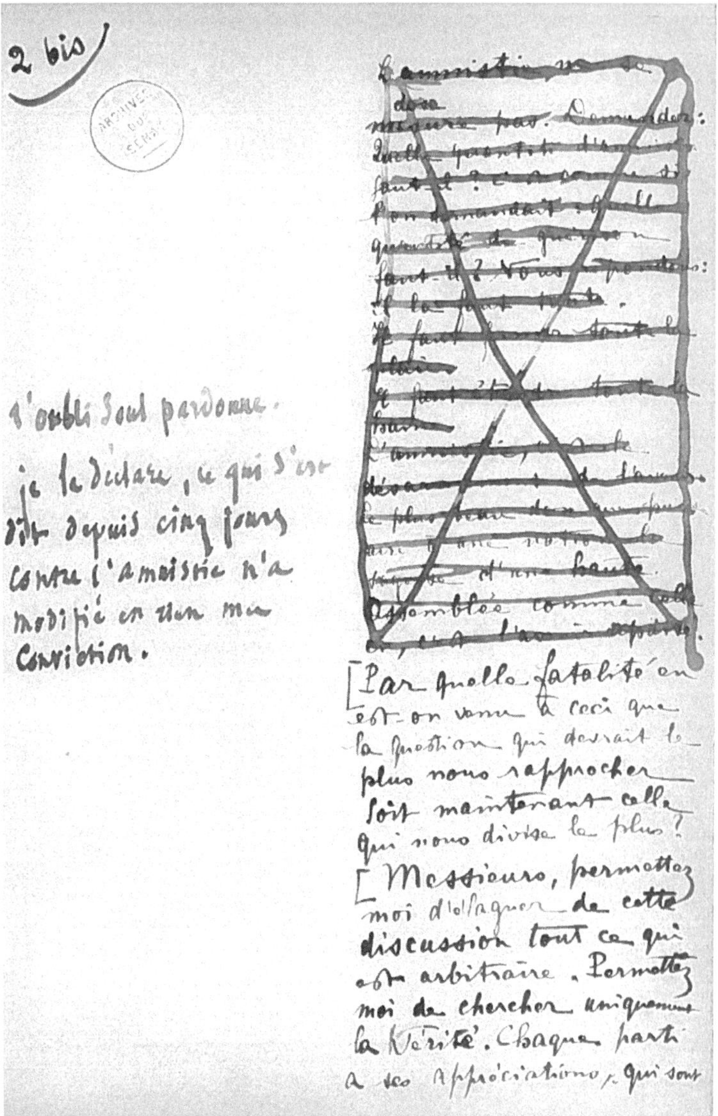

2 bis

L'oubli tout pardonne.

Je le déclare, ce qui s'est dit depuis cinq jours contre l'amnistie n'a modifié en rien ma conviction.

[Par quelle fatalité en est-on venu à ceci que la question qui devrait le plus nous rapprocher soit maintenant celle qui nous divise le plus ?

[Messieurs, permettez moi d'élaguer de cette discussion tout ce qui est arbitraire. Permettez moi de chercher uniquement la vérité. Chaque parti a ses appréciations, qui sont

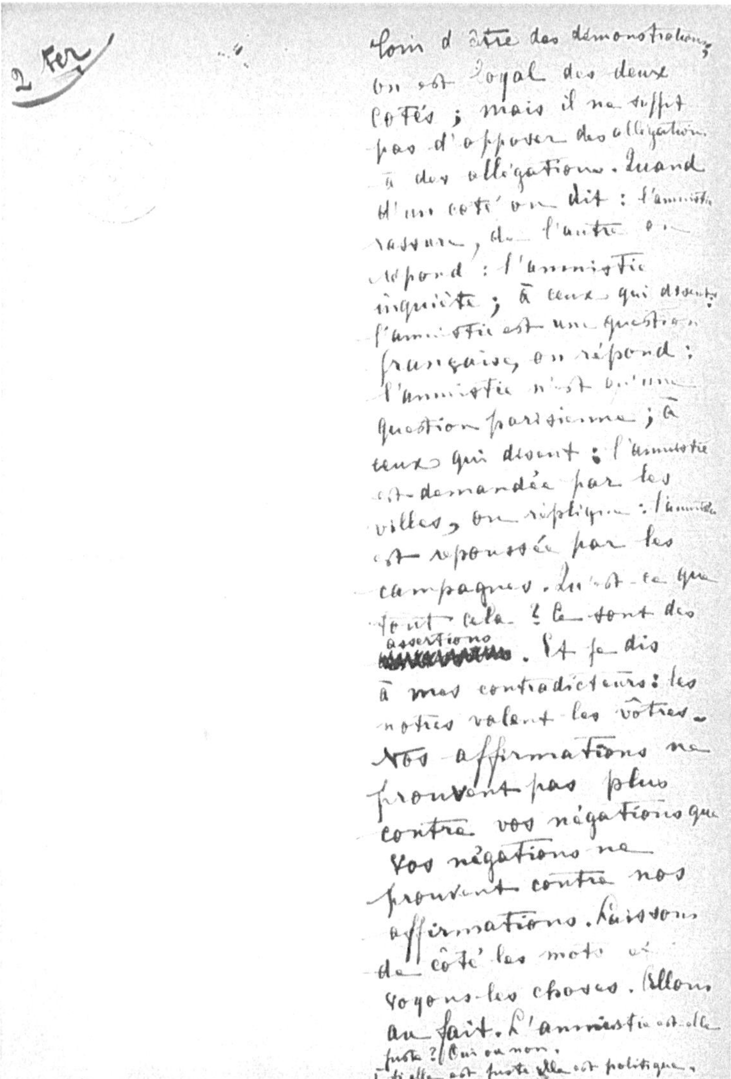

2 Fer

Loin d'être des démonstrations, on est loyal des deux côtés ; mais il ne suffit pas d'opposer des allégations à des allégations. Quand d'un côté on dit : l'amnistie rassure, de l'autre on répond : l'amnistie inquiète ; à ceux qui disent : l'amnistie est une question française, on répond : l'amnistie n'est qu'une question parisienne ; à ceux qui disent : l'amnistie est demandée par les villes, on réplique : l'amnistie est repoussée par les campagnes. Qu'est-ce que tout cela ? Ce sont des assertions. Et je dis à mes contradicteurs : les nôtres valent les vôtres. Nos affirmations ne prouvent pas plus contre vos négations que vos négations ne prouvent contre nos affirmations. Laissons de côté les mots et voyons les choses. Allons au fait. L'amnistie est-elle juste ? Oui ou non.
Si elle est juste elle est politique.
Là est toute la question.
Examinons.

2 quater

[Messieurs, aux époques
de discorde, la justice est
invoquée par tous les partis.
Elle n'est d'aucun. Elle ne
connaît qu'elle-même. Elle
est divinement aveugle aux
passions humaines. Elle est
la gardienne de tout le
monde et n'est la servante
de personne. La justice
ne se mêle point aux
guerres civiles, mais elle ne
les ignore pas, et elle y
intervient. Et savez-vous
à quel moment elle y
arrive ?
[Après.

3

[Elle laisse faire les tribunaux d'exception, et, quand ils ont fini, elle commence.

[Alors elle change de nom et elle s'appelle la clémence.

[La clémence n'est autre chose que la justice, plus juste. La justice ~~voit~~ ne voit que la faute, la clémence voit le coupable. A la justice, la faute apparaît dans une sorte d'isolement inexorable ; à la clémence, le coupable apparaît entouré d'innocents ; il a un père, une mère, une femme, des enfants, qui sont condamnés avec lui et qui subissent sa peine. Lui, il a le bagne ou l'exil ; eux, ils ont la misère. Ont-ils mérité le châtiment ? Non. L'endurent-ils ? Oui. Alors la clémence trouve la justice injuste. Elle s'interpose, et elle fait grâce. La grâce, c'est la rectification sublime que fait à la justice d'en bas la justice d'en haut.

[Messieurs, la clémence a raison.

(4)

[Elle a raison dans l'ordre civil et social et elle a plus raison encore dans l'ordre politique. Là, devant cette calamité, la guerre entre citoyens, la clémence n'est pas seulement utile, elle est nécessaire : là, ~~se sentant en présence d'une sorte de faute universelle, la clémence dépasse le pardon, et, je viens de le dire, elle va jusqu'à l'oubli. C'est là, je le répète, ce qu'on appelle l'amnistie.~~

l'immense conscience troublée qui est la conscience publique, la clémence dépasse le pardon, et, je viens de le dire, elle va jusqu'à l'oubli. Messieurs, la guerre civile est une sorte de faute universelle. Qui a commencé ? Tout le monde et personne. De là cette nécessité : l'amnistie.

Mot profond qui constate à la fois la défaillance de tous et la magnanimité de tous. Ce que l'amnistie a d'admirable et d'efficace, c'est qu'on y retrouve la solidarité humaine. C'est plus qu'un acte de souveraineté, c'est un acte de fraternité. C'est le démenti à la discorde. L'amnistie est la suprême extinction des colères, elle est la fin des guerres civiles. Pourquoi ? Parce qu'elle contient une sorte de pardon réciproque.

(5)

Je demande l'amnistie.
Je la demande dans un but de réconciliation.
Ici l'on m'interrompt. Les objections se dressent devant moi; ces objections sont presque des accusations. On me dit:
H Vous sapez l'ordre social! Vous vous faites l'apologiste des incendiaires et des assassins! Vous plaidez pour des attentats! Vous venez au secours des malfaiteurs!

H Votre amnistie est immorale et inhumaine.

Je m'arrête. Je m'interroge.
Messieurs, depuis cinq ans, je remplis, dans la mesure de mes forces, un douloureux devoir que, du reste, d'autres, meilleurs que moi, remplissent mieux que moi. Je rends de temps en temps, et le plus fréquemment que je puis, de respectueuses visites à la misère. Oui, depuis cinq ans, j'ai souvent monté de tristes escaliers; je suis entré dans des logis où il n'y a pas d'air l'été, où il n'y a pas de feu l'hiver, où il n'y a pas de pain ni l'hiver ni l'été. J'ai

6)

vu, en 1872, une mère dont
l'enfant, un enfant de
deux ans, était mort
d'un rétrécissement d'intestins
causé par le manque d'aliments;
j'ai vu des chambres pleines
de fièvre et de douleur;
j'ai vu se joindre des
mains suppliantes; j'ai
vu se tordre des bras
désespérés; j'ai entendu
des râles et des gémissements,
là des vieillards, là des
femmes, là des enfants;
j'ai vu des souffrances,
des désolations, des
indigences sans nom,
tous les haillons du
dénûment, toutes
les pâleurs de la famine;
et quand j'ai demandé
la cause de toute cette
misère, on m'a répondu:
c'est que l'homme est
absent! L'homme, c'est
le point d'appui, c'est
le travailleur, c'est
le centre vivant et
fort, c'est le pilier de
la famille. L'homme
n'y est pas, c'est pourquoi
la misère y est. Alors
j'ai dit: il faudrait
que l'homme revînt.
Et parce que je
dis cela, j'entends
des cris de malédiction.

7)

Et, ce qui est pire, des paroles d'ironie. Cela m'étonne, je l'avoue. Je me demande ce qu'ils ont fait, ces êtres accablés, ces vieillards, ces enfants, ces femmes, ces veuves dont le mari n'est pas mort, ces orphelins dont le père est vivant ! Je me demande s'il est juste de punir tous ces groupes douloureux pour des fautes qu'ils n'ont pas commises. Je demande qu'on leur rende le père. Je suis stupéfait d'éveiller ~~tant~~ de colères parce que j'ai compassion de ~~tant~~ de détresses ; parce que je n'aime pas voir les infirmes grelotter de faim et de froid, parce que je m'agenouille devant les vieilles mères inconsolables, et parce que je voudrais réchauffer les pieds nus des petits enfants ! Je ne puis m'expliquer comment il est possible qu'en défendant les familles, j'ébranle la société,

et comment il se fait que, parce que je plaide pour l'innocence, je sois l'avocat du crime.

8)

[Quoi! parce que voyant des infortunes inouïes et imméritées, de lamentables pauvretés, des mères et des épouses qui sanglotent, des vieillards qui n'ont plus même de grabats, des enfants qui n'ont plus même de berceaux, j'ai dit : me voilà ! Que puis-je pour vous ? À quoi puis-je vous être bon ? Et parce que les mères m'ont dit : rendez nous notre fils ! et parce que les femmes m'ont dit : rendez nous notre mari ! et parce que les enfants m'ont dit : rendez nous notre père ! et parce que j'ai répondu : j'essaierai ! j'ai mal fait ! j'ai eu tort !

[Non ! ~~Non ! Non !~~ Vous ne le pensez pas ! Aucun de vous ne le pense ici !] [Eh bien ! j'essaye en ce moment.

je vous rends cette justice.

9)

[~~Venez, Messieurs, ce n'est plus un égal qui vous parle, c'est un suppliant.~~ Écoutez moi. J'ai la grave ~~attitude qui convient. Ayez ceci présent à l'esprit que l'homme qui peut le dire que votre faute n'existe pas.~~

Messieurs, écoutez moi avec patience, comme on écoute celui qui plaide ; c'est le droit sacré de défense que j'exerce devant vous ; et si, en songeant à tant de détresses et à tant d'agonies qui m'ont confié leur cause, dans la conviction de ma compassion, il m'arrive de dépasser involontairement les limites que je veux m'imposer, souvenez vous que je suis en ce moment le porte-parole de la clémence, et que si la clémence est une imprudence, c'est une belle imprudence, et la seule permise à mon âge ; souvenez vous qu'un excès de pitié, s'il pouvait y avoir excès dans la pitié, serait pardonnable chez celui qui a vécu beaucoup d'années,

10)

que celui qui a souffert a le droit de protéger ceux qui souffrent, que c'est un vieillard qui vous sollicite pour des femmes et pour des enfants, et que c'est un proscrit qui vous parle pour des vaincus,

[Messieurs, un profond doute
est toujours mêlé aux
guerres civiles. J'en atteste,
qui ? le rapport officiel.
Il avoue, page 2, que
l'obscurité du mouvement
(du 18 mars) permettait
à chacun, peut-être, d'entrevoir
la réalisation de quelques
idées, justes peut-être.

C'est ce que nous avons
toujours dit. Messieurs,
la poursuite a été [illegible],
l'amnistie ne doit pas
être moindre. L'amnistie
seule peut effacer ce
procès fait à [illegible] [illegible]
une foule, procès qui
[illegible] par trente
huit mille arrestations,
dans lesquelles il y a
huit cent cinquante
[illegible] femmes et
six cent cinquante et
un enfants de quinze
ans, treize ans et
sept ans.[[illegible]
cette heure, les déportés

illimitée,

débute

10 bis

Est-il un seul de vous, Messieurs, qui puisse aujourd'hui passer sans un serrement de cœur dans de certains quartiers de Paris, par exemple, près de ce sinistre soulèvement de pavés encore visible au coin de la rue Rochechouart et du boulevard ? Qu'y a-t-il sous ces pavés ? Il y a cette clameur confuse des victimes qui va quelquefois si loin dans l'avenir. Je m'arrête ; je me suis imposé des réserves et je ne veux pas les franchir ; mais, cette clameur fatale, il dépend de vous de l'éteindre. Messieurs, depuis cinq ans l'histoire a les yeux fixés sur ce tragique sous-sol de Paris, et elle en entendra sortir des voix terribles ~~tant~~ que vous n'aurez pas fermé la bouche des morts et décrété l'oubli.

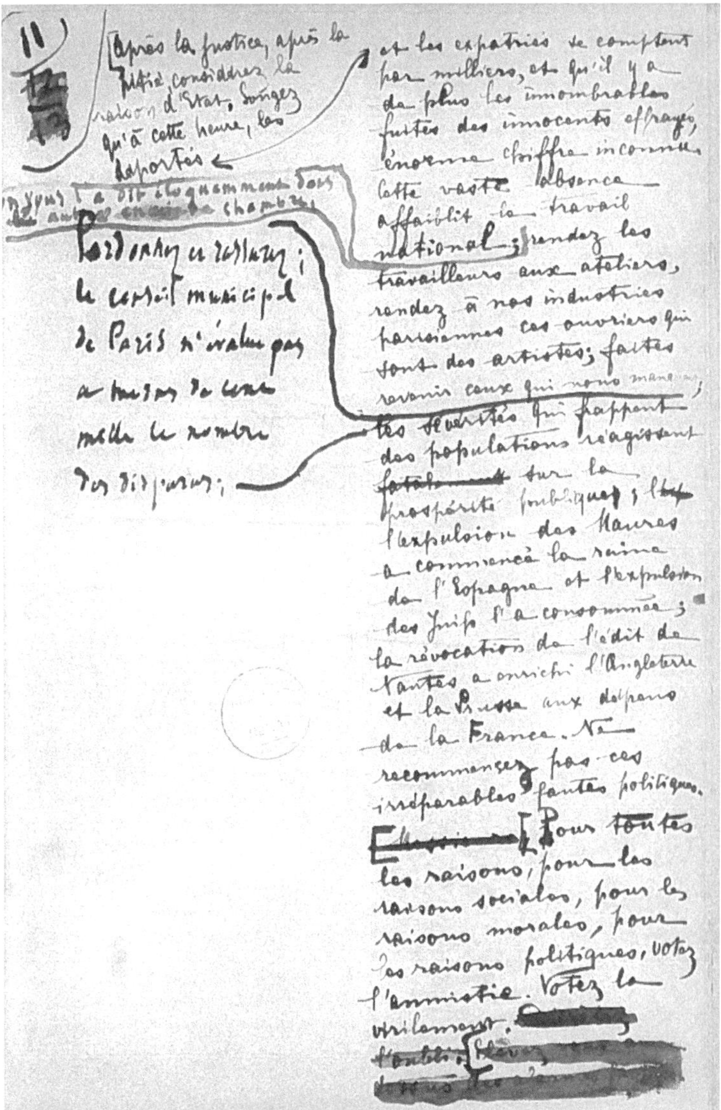

11)

Après la justice, après la pitié, considérez la raison d'État. Songez qu'à cette heure, les déportés et les expatriés se comptent par milliers, et qu'il y a de plus les innombrables fuites des innocents effrayés, énorme chiffre inconnu. Cette vaste absence affaiblit le travail national ; rendez les travailleurs aux ateliers, rendez à nos industries parisiennes ces ouvriers qui sont des artistes ; faites revenir ceux qui nous manquent ;

[illegible] l'a dit éloquemment dans une autre chambre,

Pardonnez et restaurez ; le conseil municipal de Paris n'évalue pas à moins de cent mille le nombre des disparus ;

les sévérités qui frappent des populations réagissent ~~fatalement~~ sur la prospérité publique ; l'expulsion des Maures a commencé la ruine de l'Espagne et l'expulsion des Juifs l'a consommée ; la révocation de l'édit de Nantes a enrichi l'Angleterre et la Prusse aux dépens de la France. Ne recommencez pas ces irréparables fautes politiques. Pour toutes les raisons, pour les raisons sociales, pour les raisons morales, pour les raisons politiques, votez l'amnistie. Votez-la virilement.

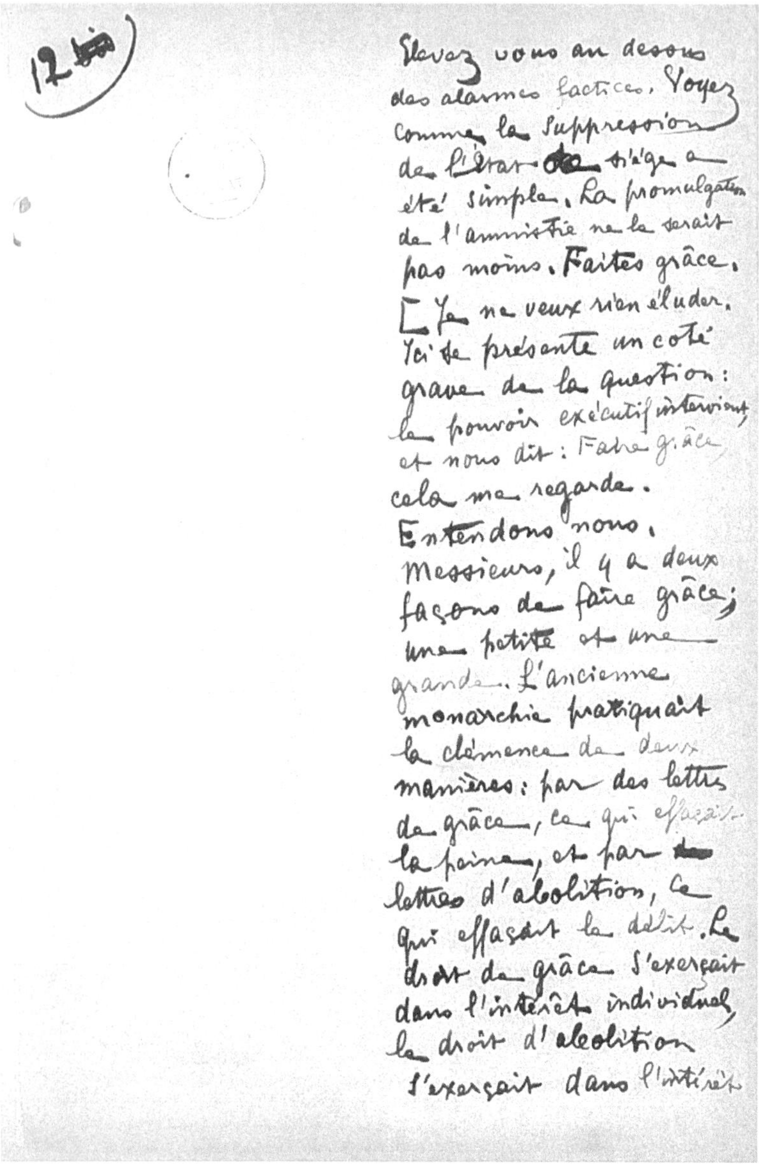
12 bis

Elevez vous au dessus
des alarmes factices. Voyez
comme la suppression
de l'état de siège a
été simple. La promulgation
de l'amnistie ne le serait
pas moins. Faites grâce.
[Je ne veux rien éluder.
Ici se présente un coté
grave de la question :
le pouvoir exécutif intervient,
et nous dit : Faire grâce,
cela me regarde.
Entendons nous.
Messieurs, il y a deux
façons de faire grâce ;
une petite et une
grande. L'ancienne
monarchie pratiquait
la clémence de deux
manières : par des lettres
de grâce, ce qui effaçait
la peine, et par
lettres d'abolition, ce
qui effaçait le délit. Le
droit de grâce s'exerçait
dans l'intérêt individuel,
le droit d'abolition
s'exerçait dans l'intérêt

13

public. Aujourd'hui
de ces deux prérogatives
de la royauté, le droit
de grâce et le droit
d'abolition, le droit de
grâce, qui est le droit
limité, est réservé au
pouvoir exécutif, le
droit d'abolition, qui
est le droit illimité, vous
appartient. Vous êtes en
effet le pouvoir souverain,
et c'est à vous que revient
~~le droit~~ le droit supérieur; l'abolition
qui est c'est l'amnistie. Dans cette
situation, le pouvoir
exécutif vous offre de
se substituer à vous; la
petite clémence remplacera
la grande; c'est l'ancien
bon plaisir. C'est à
dire que le pouvoir
exécutif ~~fa~~ vous fait
une proposition qui
revient à ceci, une
des deux commissions
parlementaires vous a
dit le mot dans toute
son ingénuité: Abdiquez!

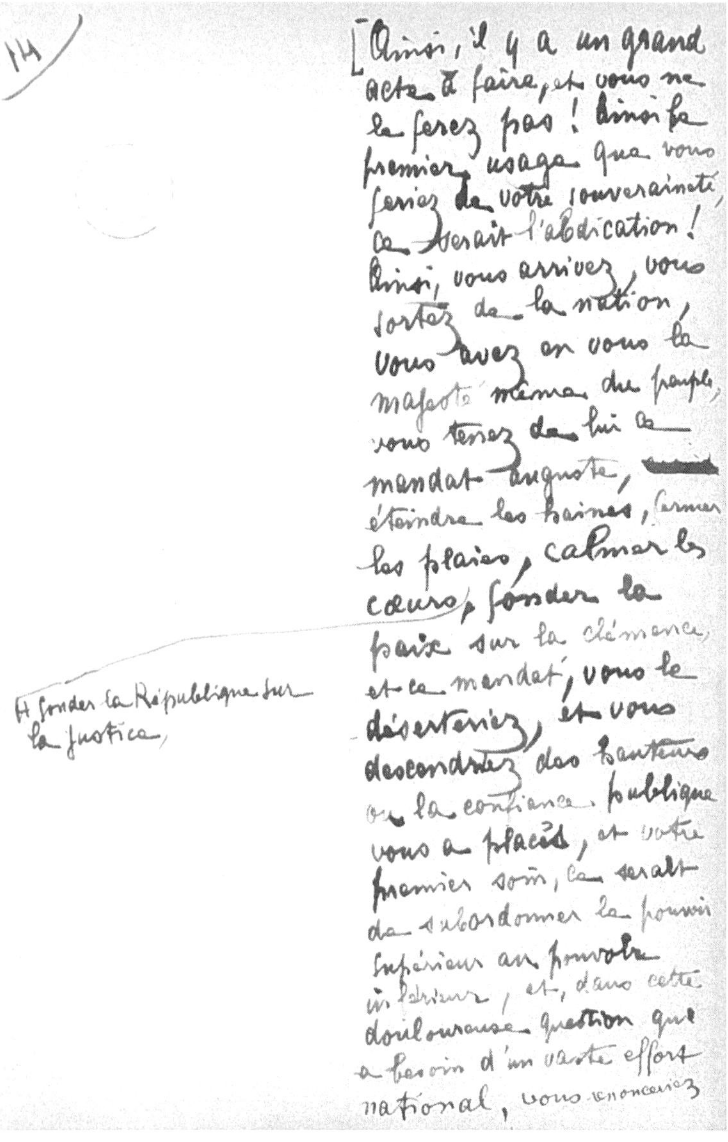

14

[Ainsi, il y a un grand
acte à faire, et vous ne
le ferez pas ! Ainsi le
premier usage que vous
feriez de votre souveraineté,
ce serait l'abdication !
Ainsi, vous arrivez, vous
sortez de la nation,
vous avez en vous la
majesté même du peuple,
vous tenez de lui ce
mandat auguste,
éteindre les haines, fermer
les plaies, calmer les
cœurs, fonder la
paix sur la clémence,
et ce mandat, vous le
déserteriez, et vous
descendriez des hauteurs
où la confiance publique
vous a placés, et votre
premier soin, ce serait
de subordonner le pouvoir
supérieur au pouvoir
inférieur, et, dans cette
douloureuse question qui
a besoin d'un vaste effort
national, vous renonceriez

Et fonder la République sur
la justice,

15

au nom de la nation à
la puissance de la
nation ! Quoi ! Dans un
moment où l'on attend
tout de vous, vous vous
annuleriez ! Quoi, ce suprême
droit d'abolition, vous ne
l'exerceriez pas contre la
guerre civile ! Quoi !
1830 a eu son amnistie,
la Convention a eu son
amnistie, l'Assemblée
Constituante de 1789 a
eu son amnistie, et, de
même que Henri IV a
amnistié la Ligue
Hoche a amnistié la
Vendée, et ces traditions
vénérables, vous les
démentiriez ! Et c'est par
de la petitesse de la
peur que vous couronneriez
toutes les grandeurs de
notre histoire ! Quoi, laissant
subsister tous les souvenirs
cuisants, toutes les rancunes,
les amertumes, vous
substitueriez
un expédient sans efficacité
politique, un long et contestable
travail de grâces partielles,

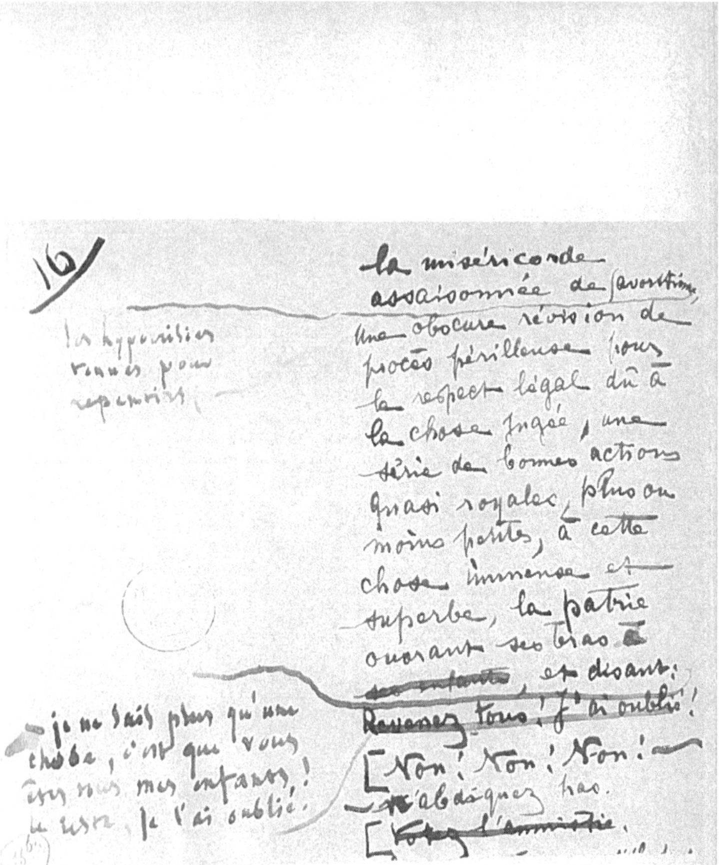
16

la miséricorde
assaisonnée de [illegible]
une obscure révision de
procès périlleuse pour
le respect légal dû à
la chose jugée, une
série de bonnes actions
quasi royales, plus ou
moins petites, à cette
chose immense et
superbe, la patrie
ouvrant ses bras à
~~ses enfants~~, et disant :
Revenez tous ! J'ai oublié !
[Non ! Non ! Non !
n'abdiquez pas.
[~~Votez l'amnistie~~.

je ne sais plus qu'une
chose, c'est que vous
êtes tous mes enfants !
Le reste, je l'ai oublié.

Note au lecteur : les pages 17 et 18 n'existent pas.

17

[Je voudrais m'arrêter ici ; mais les objections s'opiniâtrent. Quoi ! tout amnistier ! Oui ! Quoi ! Non seulement les délits politiques, mais les délits ordinaires ! Je dis : Oui ! et l'on me réplique : Jamais !

[Je les entends.

[Messieurs, ma réponse sera courte, et ce sera mon dernier mot.

[Je vais simplement mettre sous vos yeux une page d'histoire. Ensuite, vous conclurez.

[Il y a vingt cinq ans, un homme s'insurgeait contre une nation. Un jour de décembre, ou, pour mieux dire, une nuit, cet homme, chargé de défendre et de garder la République, la prenait au collet, la terrassait et la tuait, attentat qui est le plus grand forfait de l'histoire.

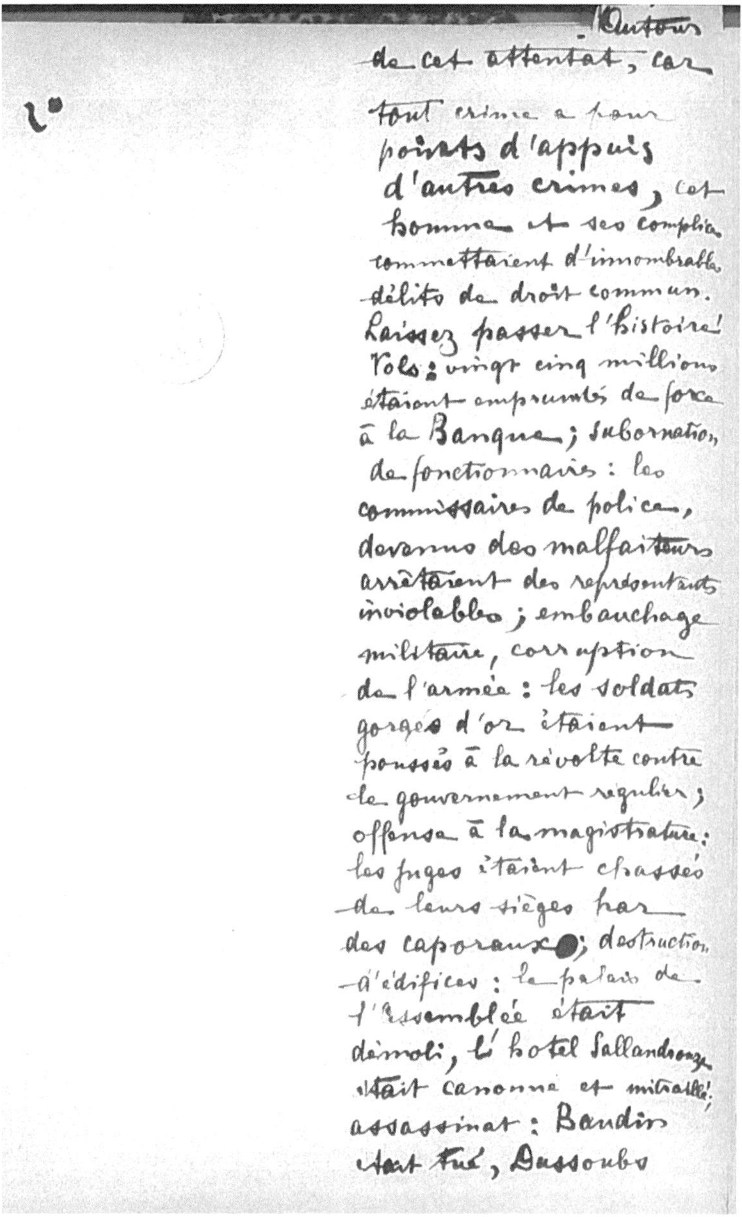
1° Autour
de cet attentat, car
tout crime a pour
points d'appuis
d'autres crimes, cet
homme et ses complices
commettaient d'innombrables
délits de droit commun.
Laissez passer l'histoire!
Vols : vingt cinq millions
étaient empruntés de force
à la Banque ; subornation
de fonctionnaires : les
commissaires de police,
devenus des malfaiteurs
arrêtaient des représentants
inviolables ; embauchage
militaire, corruption
de l'armée : les soldats
gorgés d'or étaient
poussés à la révolte contre
le gouvernement régulier ;
offense à la magistrature :
les juges étaient chassés
de leurs sièges par
des caporaux ; destruction
d'édifices : le palais de
l'Assemblée était
démoli, l'hotel Sallandrouze
était canonné et mitraillé ;
assassinat : Baudin
était tué, Dussoubs

était tué, un enfant de sept ans était tué rue Tiquetonne, le boulevard Montmartre était jonché de cadavres; plus tard, car cet immense crime couvrit la France, Martin Bidauré était fusillé, fusillé deux fois; Charlet, Cirasse et Cuisinier étaient assassinés par la guillotine en place publique. Du reste, l'auteur de ces attentats était un récidiviste, et, pour me borner aux délits de droit commun, il avait déjà ~~tenté~~ de commettre un meurtre; il avait, à Boulogne, tiré un coup de pistolet à un officier de l'armée, le capitaine ~~Col-Puyg~~ Col-Puygellier. Messieurs, le fait que je rappelle, le monstrueux fait de décembre, ne fut pas

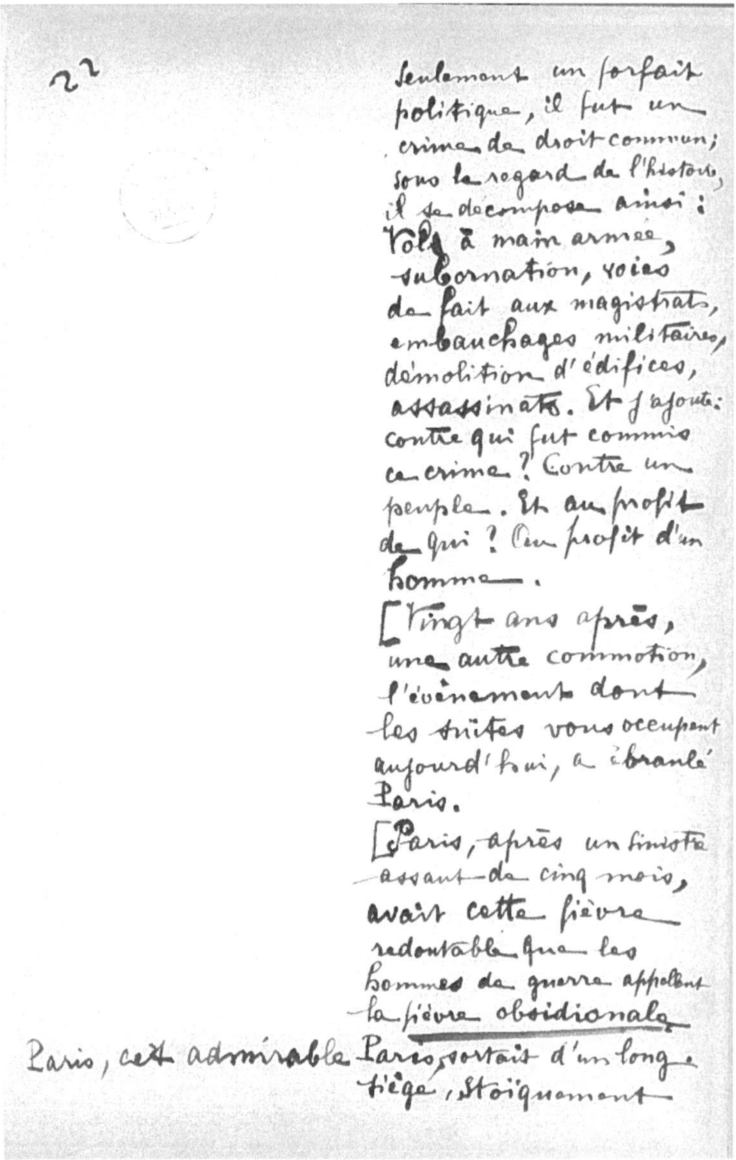

22

seulement un forfait politique, il fut un crime de droit commun; sous le regard de l'histoire, il se décompose ainsi : vols à main armée, subornation, voies de fait aux magistrats, embauchages militaires, démolition d'édifices, assassinats. Et j'ajoute : contre qui fut commis ce crime ? Contre un peuple. Et au profit de qui ? Au profit d'un homme.

[Vingt ans après, une autre commotion, l'événement dont les suites vous occupent aujourd'hui, a ébranlé Paris.

[Paris, après un sinistre assaut de cinq mois, avait cette fièvre redoutable que les hommes de guerre appellent la fièvre obsidionale

Paris, cet admirable Paris, sortait d'un long siège, stoïquement

23

soutenu ; il avait souffert
la faim, le froid,
l'emprisonnement, car
une ville assiégée est
une ville en prison ;
il ~~il~~ avait subi la
bataille de tous les
jours, le bombardement,
la mitraille ; Mais
il avait sauvé, non
la France, mais ce
qui est plus encore
peut-être, l'honneur
de la France ; il était
saignant et content.
L'ennemi pouvait le
faire saigner, des
Français seuls pouvaient
la blesser ; ~~On~~ on la
blessa. On lui retira
le titre de capitale
de la France ; Paris
ne fut plus la capitale...
que du monde. Alors
la première des villes
voulut être au moins
l'égale du dernier des
hameaux ; Paris voulut
être une commune.
De là une colère ;
de là un conflit. Ne

4

croyez pas que je cherche
ici à rien atténuer.
Oui, — et je n'ai pas
attendu à aujourd'hui
pour le dire, — entendez
vous bien ? — oui,
l'assassinat des généraux
Lecomte et Clément
Thomas est un crime.
comme l'assassinat
de Baudin et de
~~Dus~~ Dussoubs est
un crime ; oui, l'incendie
des Tuileries et de
l'Hotel de Ville est un
crime, comme la
démolition de la salle
de l'Assemblée nationale
est un crime ; oui, le
massacre des otages
est un crime comme
le massacre des
passants sur les
boulevards est un crime ;
oui, ce sont là des
crimes ; et, s'il s'y
joint cette circonstance
qu'on est repris de
justice, et qu'on a derrière

25

loi, par exemple, le coup de pistolet au capitaine Col-Puygellier, le cas est plus grave encore ; j'accorde tout ceci, et j'ajoute : ce qui est vrai d'un côté est vrai de l'autre. Il y a deux groupes de faits, séparés par un intervalle de vingt ans, le fait du 2 décembre et le fait du 18 Mars. Ces deux faits, s'éclairant l'un par l'autre, ces deux faits, politiques tous les deux, bien qu'avec des causes absolument différentes, contiennent l'un et l'autre ce que vous appelez des délits communs. Cela posé, j'examine. ~~Évidemment~~ Je me mets en face de la justice. Évidemment, pour les mêmes délits, la justice aura été la même ; ou, si elle a été inégale dans ses arrêts, elle aura considéré d'un

26

coté, qu'une population qui
vient d'être héroïque
devant l'ennemi, devait
s'attendre à quelque
ménagement, qu'après
tout, les crimes à
punir étaient le fait,
non du peuple de
Paris, mais de quelques
hommes, et qu'enfin,
si l'on examinait la
cause même du conflit,
Paris avait, certes, droit
à l'autonomie, de
même qu'Athènes qui
s'est appelée l'Acropole,
de même que Rome
qui s'est appelée Urbs,
de même que Londres
qui s'appelle la Cité;
la justice aura cons[illegible]
d'un autre coté à quel
point est abominable
le guet à pens d'un
parvenu quasi princier
qui assassine pour
régner; et, pesant
d'un coté le droit, de
l'autre l'usurpation,
la justice aura donné
toute son indulgence

27

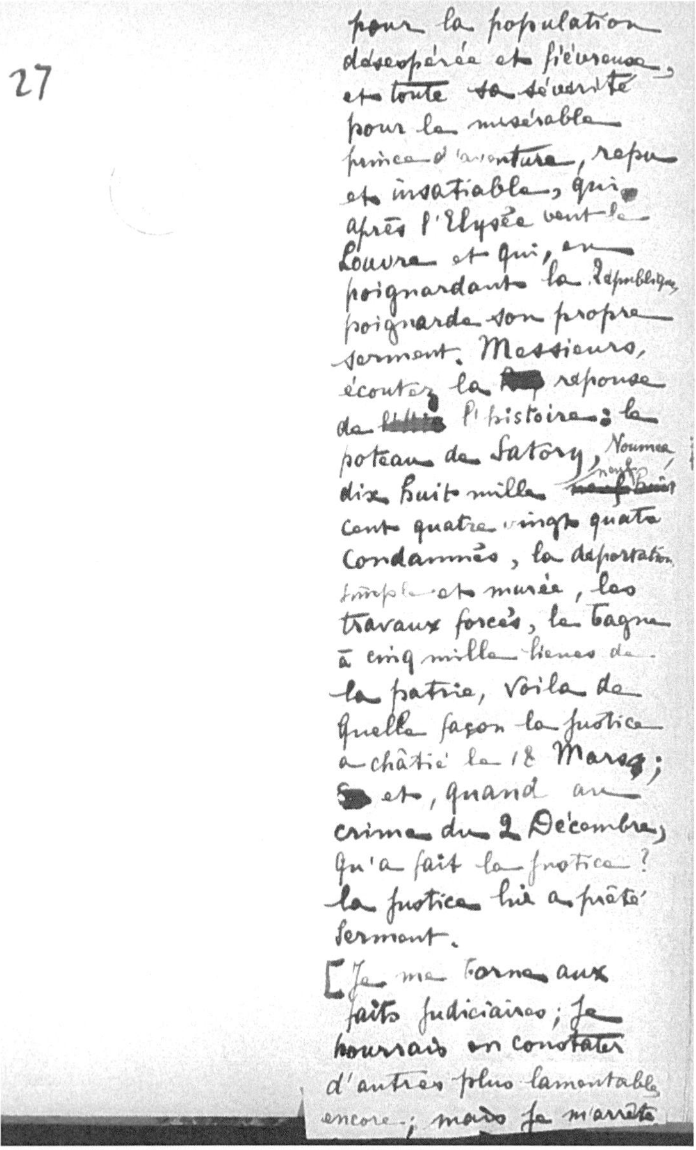

pour la population
désespérée et fiévreuse,
et toute sa sévérité
pour le misérable
prince d'aventure, repu
et insatiable, qui
après l'Elysée veut le
Louvre et qui, en
poignardant la République
poignarda son propre
serment. Messieurs,
écoutez la ~~[illegible]~~ réponse
de ~~[illegible]~~ l'histoire : le
poteau de Satory, Nouméa,
dix huit mille ~~[illegible]~~
cent quatre vingt quatre
condamnés, la déportation
simple et murée, les
travaux forcés, le bagne
à cinq mille lieues de
la patrie, voilà de
quelle façon la justice
a châtié le 18 Mars ;
et, quand au
crime du 2 Décembre,
qu'a fait la justice ?
la justice lui a prêté
serment.
[Je me borne aux
faits judiciaires ; je
pourrais en constater
d'autres plus lamentables
encore ; mais je m'arrête

28

[Oui, cela est réel, des fosses, de larges fosses ont été creusées, ici et en Calédonie ; de longs cris d'agonie se mêlent à l'espèce de paix que fait l'état de siège ; un enfant de vingt ans, condamné à mort pour un article de journal, a eu sa grâce, le bagne, et a été néanmoins exécuté par la nostalgie à cinq mille lieues de sa mère ; les pénalités ont été et sont encore [illegible] et il y a quelques semaines à peine, le 1er mars, un nouveau convoi de condamnés politiques, confondus avec des forçats, était [illegible], malgré nos réclamations, embarqué pour Nouméa.

et depuis la fatale année 1871,

absolues ; il y a des présidents de tribunaux militaires qui interdisent aux avocats de prononcer les mots d'indulgence et d'apaisement ; ces jours-ci, une sentence atteignait, après cinq années un ouvrier déclaré honnête et laborieux par tous les témoignages et le condamnait à la déportation dans une enceinte fortifiée, arrachant ainsi ce travailleur à sa famille, le mari à sa femme, et le père à ses enfants ; etc.

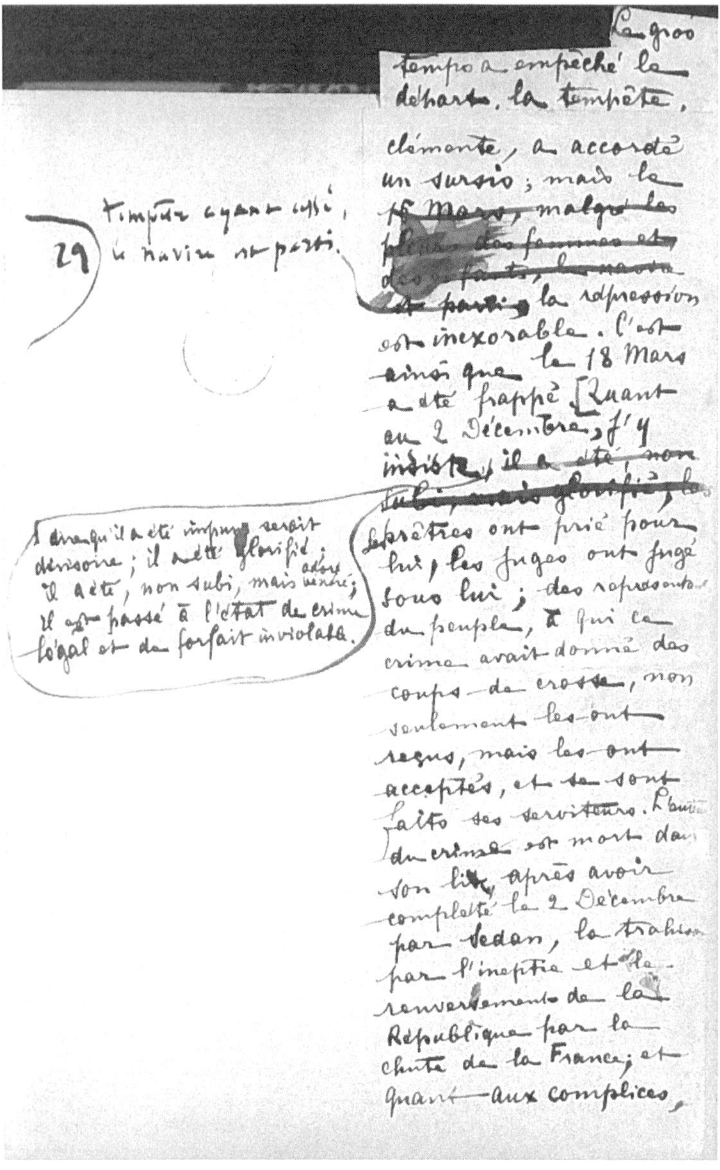
Le gros temps a empêché le départ. La tempête, clémente, a accordé un sursis ; mais la répression est inexorable. C'est ainsi que le 18 Mars a été frappé. Quant au 2 Décembre, j'y insiste, les prêtres ont prié pour lui, les juges ont jugé sous lui ; des représentants du peuple, à qui le crime avait donné des coups de crosse, non seulement les ont reçus, mais les ont acceptés, et se sont faits ses serviteurs. L'auteur du crime est mort dans son lit, après avoir complété le 2 Décembre par Sedan, la trahison par l'ineptie et le renversement de la République par la chute de la France ; et quant aux complices,

29 Tempête ayant cessé, le navire est parti.

Dire qu'il a été impuni serait dérisoire ; il a été glorifié. Il a été, non subi, mais adoré ; il est passé à l'état de crime légal et de forfait inviolable.

Morny, Billault, Saint Arnaud, Abbattucci, /Magnan, ils ont donné leurs noms à des rues de Paris. Ainsi, à vingt ans d'intervalle, pour deux révoltes, pour le 18 Mars et pour le 2 Décembre, telles ont été les deux conduites tenues dans les régions du haut desquelles on gouverne : contre une fièvre du peuple, toutes les rigueurs ; devant les infamies de l'Empereur l'agenouillement.

Il est temps de faire cesser l'étonnement de la conscience humaine. Il est temps de renoncer à cette honte de deux poids et de deux mesures ; je demande, pour les faits du 18 Mars, l'amnistie pleine et entière.

contre le peuple, toutes les rigueurs ; devant l'Empereur, toutes les bassesses.

utilement présenté. Je m'en suis occupé et il y aura bientôt un projet préparé. Je n'entends pas, le Sénat peut bien m'en croire, lui en développer les principes et les détails dans ce moment; mais je crois pouvoir, sur ce point, dans ces limites, ainsi que je viens de l'exprimer, donner satisfaction à l'honorable M. Lafond de Saint-Mûr. (Approbation.)

M. Lafond de Saint-Mûr. C'est tout ce que je demande!

M. le président. Personne ne demande la parole?... Nous reprenons la suite de l'ordre du jour.

DISCUSSION DE LA PROPOSITION RELATIVE A L'AMNISTIE

M. le président. L'ordre du jour appelle la discussion sur la proposition de l'honorable M. Victor Hugo et de plusieurs autres sénateurs relative à l'amnistie. Cette proposition a été l'objet d'une déclaration d'urgence.

La parole est à M. Victor Hugo. (Mouvement d'attention.)

M. Victor Hugo. Messieurs, mes amis politiques et moi, nous avons pensé que, dans une si haute et si difficile question, il fallait, par respect pour la question même et par respect pour cette Assemblée, ne rien laisser au hasard de la parole; et c'est pourquoi j'ai écrit ce que j'ai à vous dire. Il convient d'ailleurs à mon âge de ne prononcer que des paroles pesées et réfléchies. Le Sénat, je l'espère, approuvera cette prudence.

Du reste, et cela va sans dire, mes paroles n'engagent que moi.

Messieurs, après ces funestes malentendus qu'on appelle crises sociales, après les déchirements et les luttes, après les guerres civiles, qui ont ceci pour châtiment, c'est que souvent le bon droit s'y donne tort, les sociétés humaines, douloureusement ébranlées, se rattachent aux vérités absolues, et éprouvent un double besoin, le besoin d'espérer et le besoin d'oublier.

J'y insiste, quand on sort d'un long orage, quand tout le monde a, plus ou moins, voulu le bien et fait le mal, quand un certain éclaircissement commence à pénétrer dans les profonds problèmes à résoudre, quand l'heure est venue de se remettre au travail, ce qu'on demande de toutes parts, ce qu'on implore, ce qu'on veut, c'est l'apaisement, et, messieurs, il n'y a qu'un apaisement, c'est l'oubli.

Messieurs, dans la langue politique, l'oubli s'appelle amnistie.

Je demande l'amnistie.

Je la demande pleine et entière. Sans conditions, Sans restriction. Il n'y a d'amnistie que l'amnistie.

L'oubli seul pardonne.

Je le déclare, ce qui s'est dit depuis cinq jours contre l'amnistie n'a modifié en rien ma conviction.

Par quelle fatalité en est-on venu à ceci que la question qui devrait le plus nous rapprocher soit maintenant celle qui nous divise le plus?

Messieurs, permettez-moi d'élaguer de cette discussion tout ce qui est arbitraire. Permettez-moi de chercher uniquement la vérité. Chaque parti a ses appréciations, qui sont loin d'être des démonstrations; on est loyal des deux côtés; mais il ne suffit pas d'opposer des allégations à des allégations. Quand d'un côté on dit : L'amnistie rassure, de l'autre on répond : L'amnistie inquiète; à ceux qui disent : L'amnistie est une question française, on répond : L'amnistie n'est qu'une question parisienne. A ceux qui disent : L'amnistie est demandée par les villes, on réplique : L'amnistie est repoussée par les campagnes. Qu'est-ce que tout cela? ce sont des assertions. Et je dis à mes contradicteurs : Les nôtres valent les vôtres. Nos affirmations ne prouvent pas plus contre vos négations que vos négations ne prouvent contre nos affirmations. Laissons de côté les mots et voyons les choses. Allons au fait. L'amnistie est-elle juste, oui ou non?

Si elle est juste, elle est politique.

Là est toute la question.

Examinons.

Messieurs, aux époques de discorde, la justice est invoquée par tous les partis. Elle n'est d'aucun. Elle ne connait qu'elle-même. Elle est divinement aveugle aux passions humaines. Elle est la gardienne de tout le monde et n'est la servante de personne. La justice ne se mêle point aux guerres civiles, mais elle ne les ignore pas, et elle y intervient. Et savez-vous à quel moment elle y arrive?

Après.

Elle laisse faire les tribunaux d'exception, et quand ils ont fini, elle commence.

Alors elle change de nom et elle s'appelle la clémence.

La clémence n'est autre chose que la justice, plus juste. La justice ne voit que la faute, la clémence voit le coupable. A la justice la faute apparait dans une sorte d'isolement inexorable; à la clémence, le coupable apparait entouré d'innocents; il a un père, une mère, une femme, des enfants qui sont condamnés avec lui et qui subissent sa peine. Lui, il a le bagne ou l'exil; eux, ils ont la misère. Ont-ils mérité le châtiment? non. L'endurent-ils? oui. Alors la clémence trouve la justice injuste. Elle s'interpose, et elle fait grâce. La grâce, c'est la rectification sublime que fait à la justice d'en bas la justice d'en haut.

Messieurs, la clémence a raison.

Elle a raison dans l'ordre civil et social, et elle a plus raison encore dans l'ordre politique. Là, devant cette calamité, la guerre entre citoyens, la clémence n'est pas seulement utile, elle est nécessaire. Là, se sentant en présence d'une immense conscience troublée, qui est la conscience publique, la clémence dépasse le pardon, et, je viens de le dire, elle va jusqu'à l'oubli. Messieurs, la guerre civile est une sorte de faute universelle. Qui a commencé? Tout le monde et personne. (Légère rumeur.) De là cette nécessité : l'amnistie. Mot profond, qui constate à la fois la défaillance de tous et la magnanimité de tous. Ce que l'amnistie a d'admirable et d'efficace, c'est qu'on y retrouve la solidarité humaine. C'est plus qu'un acte de souveraineté, c'est un acte de fraternité. C'est le démenti à la discorde. L'amnistie est la suprême extinction des colères; elle est la fin des guerres civiles. Pourquoi? Parce qu'elle contient une sorte de pardon réciproque.

Je demande l'amnistie.

Je la demande dans un but de réconciliation.

Ici l'on m'interrompt. Les objections se dressent devant moi; ces objections sont presque des accusations. On me dit : Votre amnistie est immorale et inhumaine. Vous sapez l'ordre social. Vous vous faites l'apologiste des incendiaires et des assassins! Vous plaidez pour des attentats! Vous venez au secours des malfaiteurs!

Je m'arrête. Je m'interroge.

Messieurs, depuis cinq ans, je remplis, dans la mesure de mes forces, un douloureux devoir, que, du reste, d'autres, meilleurs que moi, remplissent mieux que moi. Je rends de temps en temps, et le plus fréquemment que je puis, de respectueuses visites à la misère. Oui, depuis cinq ans, j'ai souvent monté de tristes escaliers; je suis entré dans des logis où il n'y a pas d'air l'été, où il n'y a pas de feu l'hiver, où il n'y a pas de pain ni l'hiver ni l'été. J'ai vu, en 1872, une mère dont l'enfant, un enfant de deux ans, était mort d'un rétrécissement d'intestins causé par le manque d'aliments; j'ai vu des chambres pleines de fièvre et de douleur; j'ai vu se joindre des mains suppliantes; j'ai vu se tordre des bras désespérés; j'ai entendu des râles et des gémissements, là des vieillards, là des femmes, là des enfants; j'ai vu des souffrances, des désolations, des indigences sans nom, tous les haillons du dénûment, toutes les pâleurs de la famine; et quand j'ai demandé la cause de toute cette misère, on m'a répondu : C'est que l'homme est absent! L'homme c'est, le point d'appui, c'est le travailleur, c'est le centre vivant et fort, c'est le pilier de la famille. L'homme n'y est pas, c'est pourquoi la misère y est. Alors j'ai dit : Il faudrait que l'homme revînt. Et parce que je dis cela, j'entends des cris de malédiction, et, ce qui est pire, des paroles d'ironie. Cela m'étonne, je l'avoue. Je me demande ce qu'ils ont fait, ces êtres accablés, ces vieillards, ces enfants, ces femmes, ces veuves dont le mari n'est pas mort, ces orphelins dont le père est vivant! Je me demande s'il est juste de punir tous ces groupes douloureux pour des fautes qu'ils n'ont pas commises. Je demande qu'on leur rende le père. Je suis stupéfait d'éveiller tant de colères parce que j'ai compassion de tant de détresse, parce que je n'aime pas voir les infirmes grelotter de faim et de froid, parce que je m'agenouille devant les vieilles mères inconsolables, et parce que je voudrais réchauffer les pieds nus des petits enfants! Je ne puis m'expliquer comment il est possible qu'en défendant les familles j'ébranle la société, et comment il se fait que, parce que je plaide pour l'innocence, je sois l'avocat du crime!

Quoi! parce que voyant des infortunes inouïes et imméritées, de lamentables pauvretés, des mères et des épouses qui sanglotent, des vieillards qui n'ont plus même de grabat, des enfants qui n'ont plus même de berceaux, j'ai dit : Me voilà! Que puis-je pour vous? A quoi puis-je vous être bon? Et parce que les mères m'ont dit : Rendez-nous notre fils! et parce que les femmes m'ont dit : Rendez-nous notre mari! et parce que les enfants m'ont dit : Rendez-nous notre père! et parce que j'ai répondu : J'essayerai! j'ai mal fait! J'ai eu tort!

Non! vous ne le pensez pas! Je vous rends cette justice. Aucun de vous ne le pense ici!

Eh bien, j'essaye en ce moment.

Messieurs, écoutez-moi avec patience, comme on écoute celui qui plaide : c'est le droit sacré de défense que j'exerce devant vous; et si, songeant à tant de détresses et à tant d'agonies qui m'ont confié leur cause dans la conviction de ma compassion, il m'arrive de dépasser involontairement les limites que je veux m'imposer, souvenez-vous que je suis en ce moment le porte-parole de la clémence, et que si la clémence est une imprudence, c'est une belle imprudence, et la seule permise à mon âge; souvenez-vous qu'un excès de pitié, s'il pouvait y avoir excès dans la pitié, serait pardonnable chez celui qui a vécu beaucoup d'années, que celui qui a souffert a le droit de protéger ceux qui souffrent, que c'est un vieillard qui vous sollicite pour des femmes et pour des enfants, et que c'est un proscrit qui vous parle pour des vaincus.

Quelques voix à gauche. Très-bien! très-bien!

M. Victor Hugo. Messieurs, un profond doute est toujours mêlé aux guerres civiles. J'en atteste, qui? le rapport officiel. Il avoue, page 2, que « l'obscurité du mouvement (du 18 mars) permettait à chacun, — je cite, — d'entrevoir la réalisation de quelques idées, justes peut-être. » C'est ce que nous avons toujours dit, messieurs, la poursuite a été illimitée; l'amnistie ne doit pas être moindre. L'amnistie seule peut effacer ce procès fait à une foule, procès qui débute par trente-huit mille arrestations, dans lesquelles il y a huit cent cinquante femmes et six cent cinquante et un enfants de quinze ans, treize ans et sept ans.

Est-il un seul de vous, messieurs, qui puisse aujourd'hui passer sans un serrement de cœur dans de certains quartiers de Paris, par exemple, près de ce sinistre soulèvement de pavés encore visible au coin de la rue Rochechouart et du boulevard? Qu'y a-t-il sous ces pavés? Il y a cette clameur confuse des victimes qui va quelquefois si loin dans l'avenir. Je m'arrête; je me suis imposé des réserves et je ne veux pas les franchir; mais, cette clameur fatale, il dépend de vous de l'éteindre. Messieurs, depuis cinq ans, l'histoire a les yeux fixés sur ce tragique sous-sol de Paris, et elle en entendra sortir des voix terribles tant que vous n'aurez pas fermé la bouche des morts et décrété l'oubli.

Après la justice, après la pitié, considérez la raison d'État. Songez qu'à cette heure, les déportés et les expatriés se comptent par milliers, et qu'il y a, de plus, les innombrables fuites des innocents effrayés, énorme chiffre inconnu. Cette vaste absence affaiblit le travail national. On vous l'a dit éloquemment dans une autre Chambre, rendez les travailleurs aux ateliers, rendez à nos industries parisiennes ces ouvriers qui sont des artistes; faites revenir ceux qui nous manquent; pardonnez et rassurez. Le conseil municipal de Paris n'évalue pas à moins de cent mille le nombre des disparus. Les sévérités qui frappent des populations réagissent sur la prospérité publique. L'expulsion des Maures a commencé la ruine de l'Espagne et l'expulsion des juifs l'a consommée; la révocation de l'édit de Nantes a enrichi l'Angleterre et la Prusse aux dépens de la France. Ne recommencez pas ces irréparables fautes politiques.

Pour toutes les raisons, pour les raisons sociales, pour les raisons morales, pour les raisons politiques, votez l'amnistie. Votez-la virilement.

Élevez-vous au-dessus des alarmes factices. Voyez comme la suppression de l'état de siége a été simple. La promulgation de l'amnistie ne le serait pas moins.

M. Peyrat. Très-bien!

M. Victor Hugo. Faites grâce.

Je ne veux rien éluder. Ici se présente un côté grave de la question : le pouvoir exécutif intervient, et nous dit : Faire grâce, cela me regarde.

Entendons-nous, messieurs, il y a deux façons de faire grâce; une petite et une grande. L'ancienne monarchie pratiquait la clémence de deux manières : par des lettres de grâce, ce qui effaçait la peine, et par lettres d'abolition, ce qui effaçait le délit. Le droit de grâce s'exerçait dans l'intérêt individuel, le droit d'abolition s'exerçait dans l'intérêt public.

Aujourd'hui, de ces deux prérogatives de la royauté, le droit de grâce et le droit d'abolition, le droit de grâce, qui est le droit limité, est réservé au pouvoir exécutif; le droit d'abolition, qui est le droit illimité, vous appartient. Vous êtes en effet le pouvoir souverain, et c'est à vous que revient le droit supérieur; l'abolition, c'est l'amnistie. Dans cette situation, le pouvoir exécutif vous offre de se substituer à vous; la petite clémence remplacera la grande; c'est l'ancien bon plaisir. C'est-à-dire que le pouvoir exécutif vous fait une proposition qui revient à ceci, une des deux commissions parlementaires vous a dit le mot dans toute son ingénuité : Abdiquez!

Ainsi, il y a un grand acte à faire, et vous ne le feriez pas! Ainsi le premier usage que vous feriez de votre souveraineté, ce serait l'abdication! Ainsi, vous arrivez, vous sortez de la nation, vous avez en vous la majesté même du peuple, vous tenez de lui ce mandat auguste, éteindre les haines, fermer les plaies, calmer les cœurs, fonder la République sur la justice, fonder la paix sur la clémence, et ce mandat, vous le déserteriez, et vous descendriez des hauteurs où la confiance publique vous a placés, et votre premier soin ce serait de subordonner le pouvoir supérieur au pouvoir inférieur, et, dans cette douloureuse question qui a besoin d'un vaste effort national, vous renonceriez au nom de la nation à la toute-puissance de la nation! Quoi! dans un moment où l'on attend tout de vous, vous vous annuleriez! Quoi, ce suprême droit d'abolition, vous ne l'exerceriez pas contre la guerre civile! Quoi! 1830 a eu son amnistie, la Convention a eu son amnistie, l'Assemblée constituante de 1789 a eu son amnistie, et, de même que Henri IV a amnistié la Ligue, Hoche a amnistié la Vendée, et ces traditions vénérables, vous les démentiriez? Et c'est par de la petitesse et de la peur que vous consommeriez toutes ces grandeurs de notre histoire! Quoi! laissant subsister tous les souvenirs cuisants, toutes les rancunes, toutes les amertumes, vous substitueriez un expédient sans efficacité politique, un long et contestable travail de grâces partielles, la miséricorde assaisonnée de favoritisme, les hypocrisies tenues pour repentirs, une obscure révision de procès périlleuse pour le respect légal dû à la chose jugée, une série de bonnes actions quasi royales, plus ou moins petites, à cette chose immense et superbe, la patrie ouvrant ses bras et disant : Je ne sais plus qu'une chose, c'est que vous êtes tous mes enfants! le reste, je l'ai oublié.

Non! non! non! n'abdiquez pas!

Messieurs, ayez foi en vous-mêmes. L'intrépidité de la clémence est le plus beau spectacle qu'on puisse donner aux hommes. Mais ici la clémence n'est pas l'imprudence; la clémence est la sagesse. La clémence est la fin des colères et des haines; la clémence est le désarmement de l'avenir. Messieurs, ce que vous devez à la France, ce que la France attend de vous, c'est l'avenir apaisé.

La pitié et la douceur sont de bons moyens de gouvernement. Placer au-dessus de la loi politique la loi morale, c'est l'unique moyen de subordonner toujours les révolutions à la civilisation. Dire aux hommes : soyez bons, c'est leur dire : soyez justes. Aux grandes épreuves doivent succéder les grands exemples. Une aggravation de catastrophes se rachète et se compense par une augmentation de justice et de sagesse. Profitons des calamités publiques pour ajouter une vérité à l'esprit humain; et quelle vérité plus haute que celle-ci : Pardonner, c'est guérir!

Votez l'amnistie!

Enfin songez à ceci :

Les amnisties ne s'éludent point. Si vous votez l'amnistie, la question est close; si vous rejetez l'amnistie, la question commence.

Je voudrais m'arrêter ici; mais les objections s'opiniâtrent. Je les entends. Quoi! tout amnistier! oui! Quoi! non-seulement les délits politiques, mais les délits ordinaires! Je dis : Oui! et l'on me réplique : Jamais!

Messieurs, ma réponse sera courte, et ce sera mon dernier mot.

Je vais simplement mettre sous vos yeux une page d'histoire. Ensuite vous conclurez.

Il y a vingt-cinq ans, un homme s'insurgeait contre une nation. Un jour de décembre, ou, pour mieux dire, une nuit, cet homme, chargé de défendre et de garder la République, la prenait au collet, la terrassait et la tuait, attentat qui est le plus grand forfait de l'histoire. (Très-bien! à gauche.) Autour de cet attentat, car tout crime a pour point d'appui d'autres crimes, cet homme et ses complices commettaient d'innombrables délits de droit commun. Laissez passer l'histoire! Vols : 25 millions étaient empruntés de force à la Banque; subornation de fonctionnaires : les commissaires de police, devenus des malfaiteurs, arrêtaient des représentants inviolables; embauchage militaire, corruption de l'armée : les soldats, gorgés d'or, étaient poussés à la révolte contre le gouvernement régulier; offense à la magistrature : les juges étaient chassés de leurs siéges par des caporaux; destruction d'édifices : le palais de l'Assemblée était démoli, l'hôtel Sallandrouze était canonné et mitraillé; assassinat : Baudin était tué, Dussoubs était tué, un enfant de sept ans était tué rue Tiquetonne, le boulevard Montmartre était jonché de cadavres; plus tard, car cet immense crime couvrit la France, Martin Bidauré était fusillé, fusillé deux fois; Charlet, Cirasse et Cuisinier étaient assassinés par la guillotine en place publique. Du reste, l'auteur de ces attentats était un récidiviste; et, pour me borner aux délits de droit commun, il avait déjà tenté de commettre un meurtre; il avait, à Boulogne, tiré un coup de pistolet à un officier de l'armée, le capitaine Col-Puygellier. Messieurs, le fait que je rappelle, le monstrueux fait de décembre, ne fut pas seulement un forfait politique, il fut un crime de droit commun; sous le regard de l'histoire, il se décompose ainsi : Vol à main armée, subornation, voies de fait aux magistrats, embauchages militaires, démolition d'édifices, assassinats. Et j'ajoute : Contre qui fut commis ce crime? contre un peuple. Et au profit de qui? au profit d'un homme. (Très-bien! à gauche.)

Vingt ans après, une autre commotion, l'événement dont les suites vous occupent aujourd'hui, a ébranlé Paris.

Paris, après un sinistre assaut de cinq mois, avait cette fièvre redoutable que les hommes de guerre appellent la « fièvre obsidionale ». Paris, cet admirable Paris, sortait d'un long siége, stoïquement soutenu; il avait souffert la faim, le froid, l'emprisonnement, car une ville assiégée est une ville en prison; il avait subi la bataille de tous les jours, le bombardement, la mitraille; mais il avait sauvé, non la France, mais ce qui est plus encore peut-être, l'honneur de la France (Approbation à gauche); il était saignant et content. L'ennemi pouvait le faire saigner, des Français seuls pouvaient le blesser; on le blessa. On lui retira le titre de capitale de la France; Paris ne fut plus la capitale... que du monde. Alors la première des villes voulut être au moins l'égale du dernier des hameaux; Paris voulut être une commune. (Murmures à droite.) De là une colère; de là un conflit. Ne croyez pas que je cherche ici à rien atténuer. Oui, — et je n'ai pas attendu à aujourd'hui pour le dire, — entendez-vous bien, — oui, l'assassinat des généraux Lecomte et Clément Thomas est un crime comme l'assassinat de Baudin et de Dussoubs est un crime; oui, l'incendie des Tuileries et de l'Hôtel de Ville est un crime, comme la démolition de la salle de l'Assemblée nationale est un crime; oui, le massacre des otages est un crime comme le massacre des passants sur le boulevard est un crime; oui, ce sont là des crimes; et, s'il s'y joint cette circonstance qu'on est repris de justice et qu'on a derrière soi, par exemple, le coup de pistolet au capitaine Col-Puygellier, le cas est plus grave encore; j'accorde tout ceci, et j'ajoute : ce qui est vrai d'un côté est vrai de l'autre. Il y a deux groupes de faits, séparés par un intervalle de vingt ans, le fait du 2 décembre et le fait du 18 mars. Ces deux faits, s'éclairant l'un par l'autre; ces deux faits, politiques tous les deux, bien qu'avec des causes absolument différentes, contiennent l'un et l'autre ce que vous appelez des délits communs. Cela posé, j'examine. Je me mets en face de la justice. Évidemment, pour les mêmes délits, la justice aura été la même; ou, si elle a été inégale dans ses arrêts, elle aura considéré, d'un côté, qu'une population qui vient d'être héroïque devant l'ennemi, devait s'attendre à quelque ménagement, qu'après tout, les crimes à punir étaient le fait, non du peuple de Paris, mais de quelques hommes, et qu'enfin, si l'on examinait la cause même du conflit, Paris avait, certes, droit à l'autonomie, de même qu'Athènes, qui s'est appelée l'Acropole, de même que Rome qui s'est appelée Urbs, de même que Londres qui s'appelle la Cité; la justice aura considéré d'un autre côté à quel point est abominable le guet-apens d'un parvenu quasi princier qui assassine pour régner : et, pesant d'un côté le droit, de l'autre l'usurpation, la justice aura réservé toute son indulgence pour la population désespérée et fiévreuse, et toute sa sévérité pour le misérable prince d'aventure, repu et insatiable, qui, après l'Élysée, veut le Louvre et qui, en poignardant la République, poignarde son propre serment. Messieurs, écoutez la ré-

pages de l'histoire : le poteau de Satory, Nouméa, dix-huit mille neuf cent quatre-vingt-quatre condamnés, la déportation simple et murée, les travaux forcés, le bagne à cinq mille lieues de la patrie, voilà de quelle façon la justice a châtié le 18 mars ; et, quant au crime du 2 décembre, qu'a fait la justice? la justice lui a prêté serment. (Mouvement d'approbation à gauche.)

Je me borne aux faits judiciaires ; je pourrais en constater d'autres plus lamentables encore ; mais je m'arrête.

Oui, cela est réel, des fosses — de larges fosses — ont été creusées, ici et en Calédonie ; depuis la fatale année 1871, de longs cris d'agonie se mêlent à l'espèce de paix que fait l'état de siége ; un enfant de vingt ans, condamné à mort pour un article de journal, a eu sa grâce, le bagne, et a été néanmoins exécuté par la nostalgie à cinq mille lieues de sa mère ; les pénalités ont été et sont encore absolues ; il y a des présidents de tribunaux militaires qui interdisent aux avocats de prononcer les mots d'indulgence et d'apaisement ; ces jours-ci une sentence atteignit, après cinq années, un ouvrier déclaré honnête et laborieux par tous les témoignages et le condamnait à la déportation dans une enceinte fortifiée, arrachant ainsi ce travailleur à sa famille, ce mari à sa femme, et ce père à ses enfants ; et il y a quelques semaines à peine, le 1er mars, un nouveau convoi de condamnés politiques, confondus avec des forçats, étaient, malgré nos réclamations, embarqués pour Nouméa.

Le gros temps a empêché le départ ; la tempête, clémente, a accordé un sursis ; mais la tempête ayant cessé, le navire est parti, la répression est inexorable. C'est ainsi que le 18 mars a été frappé.

Quant au 2 décembre, j'y insiste, dire qu'il a été impuni serait dérisoire ; il a été glorifié, il a été non subi, mais adoré ; il est passé à l'état de crime légal et de forfait inviolable. Les prêtres ont prié pour lui, les juges ont jugé sous lui ; des représentants du peuple, à qui ce crime avait donné des coups de crosse, non-seulement les ont reçus, mais les ont acceptés et se sont faits ses serviteurs. L'auteur du crime est mort dans son lit, après avoir complété le 2 décembre par Sedan, la trahison par l'ineptie et le renversement de la République par la chute de la France (Très-bien! à gauche) ; et quant aux complices, Morny, Billault, Magnan, Saint-Arnaud, Abbatucci, ils ont donné leurs noms à des rues de Paris. Ainsi, à vingt ans d'intervalle, pour deux révoltes, pour le 18 mars et pour le 2 décembre, telles ont été les deux conduites tenues dans les régions du haut desquelles on gouverne : contre une fièvre du peuple, toutes les rigueurs ; devant les infamies de l'empereur, l'agenouillement. Contre le peuple toutes les rigueurs ; devant l'empereur, toutes les bassesses.

Il est temps de faire cesser l'étonnement de la conscience humaine. Il est temps de renoncer à cette honte de deux poids et de deux mesures ; je demande, pour les faits du 18 mars, l'amnistie pleine et entière. (Marques d'approbation sur quelques bancs à gauche.)

De toutes parts. Aux voix ! aux voix !

M. le président. La discussion générale est close.

Le Sénat entend-il passer à la discussion des articles? (Non ! non !)

Il y a un amendement présenté par M. Tolain.

M. Tolain. En présence du silence du rapporteur et du Gouvernement qui ne trouvent rien à répondre, je déclare retirer mon amendement.

Plusieurs sénateurs à gauche. Non ! non !

M. Paris, *rapporteur*, monte à la tribune.

De toutes parts. Non ! non ! Ne répondez pas !

M. le rapporteur. Le silence du Sénat est une réponse. (Mouvement.)

M. le président. Je mets aux voix l'article 1er, il est ainsi conçu :

« Sont amnistiés tous les condamnés pour actes relatifs aux événements de mars, avril et mai 1871. Les poursuites pour faits se rapportant auxdits événements sont et demeurent non avenues. »

(L'article 1er n'est pas adopté.)

« Art. 2. — Cette amnistie pleine et entière est étendue à tous les crimes et délits politiques et délits de presse, ainsi qu'à toutes les condamnations prononcées à l'occasion d'événements politiques, depuis la dernière amnistie de 1870. »

(L'article 2 n'est pas adopté.)

M. le président. Je consulte le Sénat sur l'ensemble du projet.

(Le projet n'est pas adopté.)

PROPOSITION RELATIVE AU PALAIS DES TUILERIES

M. le président. L'ordre du jour appelle la discussion sur la prise en considération de la proposition de M. Monnet, tendant à la nomination d'une commission chargée d'étudier la question du palais des Tuileries.

M. Monnet. Messieurs, je ne crois pas avoir à garder longtemps la parole sur la question soumise à vos délibérations. La commission d'initiative, à l'unanimité de ses membres, conclut à la prise en considération de la proposition que j'ai eu l'honneur de faire au Sénat, et qui du reste est renouvelée d'une précédente décision de l'Assemblée nationale. Je crois aussi que M. le ministre des travaux publics est d'accord avec la commission. Il ne s'agit que d'une simple prise en considération qui ne préjuge pas l'avenir. Par conséquent, je pense qu'il n'y a pas lieu d'insister davantage. (Marques d'adhésion.)

M. le président. Je consulte le Sénat sur la prise en considération.

(La proposition est prise en considération.)

M. le président. La proposition sera renvoyée à l'examen des bureaux.

TRANSMISSION DE LOIS

M. le président. J'ai reçu de M. le président de la Chambre des députés la lettre suivante :

« Versailles, le 20 mai 1876.

« Monsieur le président,

« Dans la séance de ce jour, la Chambre des députés a adopté, sur l'initiative de plusieurs de ses membres, une proposition de loi relative à l'ouverture de crédits au ministre de l'agriculture et du commerce et au ministre de l'instruction publique, pour l'envoi d'ouvriers, de cultivateurs et de membres de l'enseignement primaire à l'exposition de Philadelphie.

« J'ai l'honneur de vous adresser ci-jointe une expédition authentique de cette proposition, en vous priant de vouloir bien en saisir le Sénat.

« Agréez, monsieur le président, l'assurance de ma haute considération.

« *Le président de la Chambre des députés,*

« Signé : JULES GRÉVY. »

M. le président. Il n'y a pas d'opposition?...

La proposition de loi sera renvoyée aux bureaux.

J'ai également reçu de M. le président de la Chambre des députés la lettre suivante :

« Versailles, le 20 mai 1876.

« Monsieur le président,

Dans la séance de ce jour, la Chambre des députés a adopté, sur l'initiative de plusieurs de ses membres, une proposition de loi tendant à déterminer la date de l'ouverture de la session de printemps des conseils généraux.

« J'ai l'honneur de vous adresser ci-jointe une expédition authentique de cette proposition de loi, en vous priant de vouloir bien en saisir le Sénat.

« Agréez, monsieur le président, l'assurance de ma haute considération.

« *Le président de la Chambre des députés,*

« *Signé* : JULES GRÉVY. »

M. le président. Il n'y a pas d'opposition?...

La proposition de loi sera renvoyée à l'examen des bureaux.

M. le président. L'ordre du jour appelle la première délibération sur le projet de loi ayant pour objet de pourvoir à l'enseignement supérieur de l'agriculture par la création d'un Institut agronomique.

M. le rapporteur est-il présent?

M. de Meaux, *rapporteur.* Oui, monsieur le président.

M. le président. Quelqu'un demande-t-il la parole sur la discussion générale?...

Personne ne demandant la parole, je consulte le Sénat pour savoir s'il entend passer à une seconde délibération.

(Le Sénat décide qu'il passera à une seconde délibération.)

M. le président. L'ordre du jour appelle des rapports de pétitions.

La parole est à M. de Raismes.

M. de Raismes, *rapporteur*. M. Eugène Corpel, à Bray-sur-Seine, appelle l'attention du Sénat sur la loi qui n'admet pas, dans l'établissement des droits de successions, la diminution d'aucune des charges qui pèsent sur l'héritage.

Il sollicite le redressement d'une disposition qui blesse, dit-il, le principe de l'équitable répartition des impôts.

La question de la déduction des dettes dans les successions pour la perception du droit de mutation par décès est peut-être la plus grave de toutes celles qui ont été soulevées par ces temps de réformes fiscales.

Cette modification, si longtemps poursuivie et toujours écartée, ferait éprouver au Trésor un préjudice que les évaluations officielles portent à plus de 30 millions de francs par an, préjudice considérable dans la situation actuelle de nos finances.

En présence de la gravité de la question, votre 1re commission des pétitions de 1876 a l'honneur de vous proposer le dépôt au bureau des renseignements.

M. le président. Je mets aux voix les conclusions de la commission.

(Les conclusions sont adoptées.)

M. le président. L'ordre du jour est absolument épuisé.

Je ne puis donc que faire appel de nouveau au zèle et à la bonne volonté des commissions pour hâter leurs travaux.

Il y a à faire le rapport sur l'élection de la Réunion. Le 1er bureau est-il en mesure de présenter ce rapport?

Un sénateur. Le rapport pourra être présenté au Sénat mercredi.

M. le président. Reste le projet de loi relatif au droit de limiter et de suspendre la fabrication des pièces de 5 francs. Le rapport sera-t-il bientôt prêt?

M. Léonce de Lavergne. La commission n'a pas encore choisi son rapporteur.

M. le président. Dans ces conditions, je propose au Sénat de régler ainsi son ordre du jour :

Le Sénat se réunirait mercredi, à deux heures, en séance publique.

L'ordre du jour porterait d'abord l'interpellation de M. Paris, relative à l'interprétation à donner à l'article 8 de la loi constitutionnelle.

Puis, s'il y a lieu, le rapport sur l'élection de la Réunion.

M. Bernard. Je demande la mise à l'ordre du jour de la prochaine séance du projet de loi sur l'emprunt de la ville de Nancy.

M. le président. Il s'agit d'une loi d'in-

Table des matières

Dépôt légal : août 2018 N° imprimeur : 081861106

Imprimé en France par Présence Graphique - Monts.